VASSILI AXIONOV

LES ORANGES DU MAROC

roman traduit du russe
par Irène Sokologorsky

BABEL

I

VICTOR KOLTYGA

Moi, personnellement, j'en avais marre… Ça finissait par devenir "l'entreprise du travail inutile". Nous avions déjà foré deux puits dans cette maudite combe, nous en étions au troisième. Or c'était absolument sans espoir ; il n'y avait rien. Je le sentais. On a beau dire, ça faisait tout de même cinq ans que je participais à ce genre d'expéditions, je commençais à avoir du flair ! J'avais prospecté dans l'île de Sakhaline, près de l'Okha, le long du Paronaï, à l'embouchure de l'Amour, au Kamtchatka… Je les connaissais, ces reliefs !

Je n'avais rien contre cette combe, je la trouvais même plutôt pittoresque ; on aurait pu y installer une station de ski, sur la pente ouest il y aurait eu une excellente piste de slalom ; l'air y était bon aussi, et on aurait peut-être pu y découvrir quelques boues curatives, c'était pas impossible. Ou alors une source ? Pourquoi pas ! D'accord, allez-y, construisez donc un sanatorium. Nom de nom, il y avait peut-être même de l'or ; c'était peut-être la plus belle, la plus pittoresque, la plus merveilleuse combe du monde ; elle était peut-être tapissée d'or, il y avait peut-être assez d'or pour en remplir toutes les fosses d'aisance du monde communiste, mais pour ce qui était du pétrole, il n'y en avait pas !

Je ne disais rien à Kitchékian, bien sûr, je me taisais. Les gars aussi se taisaient. Kitchékian était nouveau parmi nous, c'était sa première expédition. Frais émoulu de l'Institut des mines de Léningrad, il venait seulement de prendre la tête de notre équipe. Depuis plusieurs jours il était dans tous ses états, et c'est pour ça que personne ne soufflait mot. On avait pourtant grande envie de lui dire : "Tu sais, Aïrapet, John (ou comment s'appellent-ils là-bas ?), on ferait mieux de ramasser nos cliques et nos claques et de se tirer d'ici ! Tu sais, John (c'est bien ça, John), la science c'est une chose, mais la pratique en est une autre !" Et cependant, on se taisait ; on travaillait, et on descendait des boîtes de conserves ; on n'a pas tellement notre mot à dire, nous autres !

Vers quatre heures, la nuit est tombée et les sommets des montagnes se sont mis à étinceler sous la lune comme de l'argent. Depuis un bon moment une petite fumée s'élevait au-dessus de la cuisine, et, du fond de la combe, les gars de service nous faisaient des signaux lumineux avec leurs cigarettes.

— A la soupe, camarade !

Mais Kitchékian s'est contenté de hocher la tête. Juché sur une caisse, il était en train de manger du pain avec du beurre ; manger, c'est beaucoup dire, il prenait quelques forces plutôt. Le beurre, au froid, était devenu dur comme du savon. Kitchékian en coupait de gros morceaux, les mettait sur son pain et avalait le tout sans étaler. Les mâchoires saillaient sur son visage maigre envahi par la barbe. Il était petit et fluet, et même en veste et en pantalon matelassés il paraissait, comment dirais-je… non dénué d'élégance. Par moments il posait son pain et son beurre pour souffler dans ses mains, puis il se remettait à manger. Brusquement il s'est dressé et s'est mis à hurler :

— Lu-une, promène-toi dans les ténèbres immenses, plonge tes rayons dans la mer…

Il s'habitue difficilement, bien sûr ; c'est un méridional.

Moi aussi je suis du Sud, je suis né à Krasnodar, mais en huit ans (trois ans de service militaire et cinq dans le civil) j'ai eu le temps de m'acclimater. Cet été, j'aurai peut-être un congé que j'irai passer à Krasnodar chez ma mère. Comme chacun sait, c'est à Krasnodar qu'on trouve les plus belles filles de toute l'Union soviétique. Et c'est pas un vain mot ; si en plus on les habillait un peu mieux, nos filles, il faudrait voir ça ! Il n'y aurait plus qu'à faire passer par la ville plusieurs nouvelles voies ferrées et davantage de grandes routes ; on serait même obligés d'y construire un aérodrome international. Je pense souvent à Krasnodar et à ses jolies filles, les jours de grand cafard surtout. En cinquante-neuf, à Oustié-Mayé, quand le col a été bloqué par la neige et que nous sommes restés trois jours sous la tente à faire de la musique, je me suis imaginé en congé à Krasnodar en plein été : je me promenais au marché kolkhozien le matin très tôt, je ne manquais pas d'argent et je n'avais pas faim, et je me disais surtout que le soir, au bal, j'allais faire sensation. Des jeunes filles minces, élancées, allaient penser en me voyant arriver : "Voilà un garçon racé, on voit tout de suite qu'il est loin d'être bête ; c'est sûrement quelqu'un d'épatant, et, en plus, quel physique !"

Ce soir aussi, en descendant au camp, je pensais à Krasnodar, aux femmes, aux plages de sable chaud, aux concerts de musique légère en plein air, au jazz d'Oleg Lundstream... Ça me faisait plaisir de me dire que tout ça, ça existait, qu'il y avait autre chose au monde que cette combe mirifique, ensorcelée et puante.

Après un repas bien copieux, on s'est tout de suite sentis à plat, on avait sommeil. Lénia est parti se baigner comme tous les soirs, nous, nous sommes retournés à la tente, et chacun a réintégré le lit qui lui était réservé.

Imaginez un peu ce que ça donne quand tous les gars de l'équipe enlèvent leurs bottes en même temps ! Quelqu'un qui entrerait serait bien aise d'avoir sous la main un masque à oxygène, mais nous, ça va, on est habitués, parce qu'on est devenus comme frères en somme.

Ioura, Micha et Volodia se sont jetés sur leur place réservée ; une seconde plus tard ils sifflaient, grognaient, soufflaient. Dans un premier temps ils cherchaient à s'accorder. Puis ça a commencé. Quand ils ronflent, on dirait trois marteaux-piqueurs ! En plus, il y a un petit truc marrant : quand l'un d'eux s'arrête, le second en fait autant, puis le troisième, stop ! Et ils recommencent en même temps aussi. Si je vivais dans le monde capitaliste, qu'est-ce que je les exploiterais, ces gars-là ! J'irais les montrer dans un cirque, et je gagnerais tout plein de pounds, de sterlings ou de lires.

Moi aussi j'avais sommeil, mais il me restait une petite affaire à régler. J'ai sorti ma lampe de poche, et à sa lumière falote je me suis mis à une lettre destinée à une jeune fille de Krasnodar qui, figurez-vous, n'était alors qu'à soixante-quatorze kilomètres. Elle avait un nom tout simple, cette jeune fille : elle s'appelait Lucia Kravtchenko. Je l'avais connue au printemps, quand le *Kildin* était venu amener des femmes pour la saison au combinat de pêche. D'habitude, quand des saisonnières sont annoncées, à deux cents kilomètres à la ronde tous les petits gars briquent leur uniforme, se font tailler les cheveux à la cadet de Pologne et se précipitent au port de Pétrovo, chacun par le moyen de locomotion qu'il trouve, certains même *pedibus cum jambis*. Comment donc, pour nous, c'est un événement : deux ou trois cents nouvelles filles épousables d'un seul coup ! Cette fois aussi, il y avait beaucoup de monde. Les gars se promenaient dans la rue principale de Pétrovo en attendant le bateau, et tous faisaient semblant de se trouver là par hasard, d'être venus pour affaire ou à l'occasion d'un bref congé. Mais tous ces graves personnages étaient sur le quai quand le bateau avait accosté ; tous avaient suivi avec attention le débarquement des jeunes femmes, après quoi, en troupe, ils les avaient escortées dans la rue principale, et, le soir, “par hasard” encore, tout le monde s’était retrouvé au combinat de pêche.

C’est là que j’avais repéré Lucia. Comme il se doit, j’avais commencé par tourner un peu autour, bien sûr, puis j’étais passé aux manœuvres d’approche. “D’où es-tu, chère compatriote ?” lui avais-je demandé. C’est toujours comme ça que j’“entre en matière”. Tout à coup, la voilà qui me fait sans crier gare : “Je suis de Krasnodar.” Vous imaginez ? Je n’avais même pas eu besoin de raconter des histoires. Nous nous étions promenés ensemble toute la soirée. J’étais ému par ses yeux noirs, et ses mains bronzées me faisaient penser à un camp de pionniers du Caucase, en même temps je me disais que j’allais déjà sur mes vingt-sept ans et que malgré cela j’étais toujours sans feu ni lieu. Alors, toute la soirée j’avais essayé de lui en mettre plein la vue en lui parlant de vols cosmiques et de la relativité du temps. Après ça, dans l’entrée, j’avais voulu l’embrasser, mais elle m’avait allongé une gifle.

Puis nous étions partis en expédition. Pendant l’expédition, je n’avais pas pensé à elle, j’avais pensé aux filles de Krasnodar, comme d’habitude. Mais, je ne sais pas pourquoi, cette fois, toutes les filles de Krasnodar lui ressemblaient : dans un parc des environs de la ville, cent mille Lucia avaient les yeux fixés sur moi tandis que je me dirigeais vers la piste de danse, beau, intelligent, séduisant entre tous.

Je l'avais retrouvée à l'automne, à Taly, à une soirée à la Maison de la culture des marins. Franchement, ça m'avait étonné. Il paraît qu'elle était restée parce qu'ici elle sentait plus intensément les pulsations du pays au travail. Elle travaillait comme maçon et vivait aux Chlakobloki, dans un foyer. En plus, bien sûr, elle suivait comme il se doit des cours par correspondance à l'Institut technique de la construction et faisait de la danse au Cercle de chorégraphie… Elle était ce soir-là on ne peut plus pomponnée, et deux jeunes garçons lui faisaient une cour assidue : Herri, un petit marin tout jeune, de quarante-deux sans doute, et la Racine, le célèbre marin à quai de Pétrovo (ici, sur le littoral, c'est comme ça qu'on appelle les propres à rien). J'avais réussi à les évincer. Toute la soirée, je l'avais épatée avec la Roumanie en lui parlant du raisin de Transylvanie, du bond prodigieux que faisait l'industrie textile dans le pays, de l'écrivain Mihail Sadoveanu. Ensuite, je l'avais raccompagnée en autobus jusqu'à ces fameux Chlakobloki. Tout le long du trajet, j'avais regardé son profil du coin de l'œil. J'étais mélancolique encore, et par moments son sourire à peine perceptible me mettait hors de moi. Je me demandais vraiment pourquoi elle avait décidé de rester ; les pulsations du pays au travail y étaient peut-être bien pour quelque chose, mais je crois aussi qu'il ne lui était pas désagréable de voir tous les hommes, tout l'autobus, se tordre le cou pour l'apercevoir.

Quand on était arrivés devant chez elle, j'avais essayé de l'embrasser, mais, bien sûr, pour respecter les convenances, elle m'avait gratifié d'une paire de claques. Par rapport à la première fois, ses paumes étaient devenues plus dures. Là-dessus je m'étais aperçu que je ne savais pas où dormir, et j'avais passé la nuit devant sa baraque sur un tas de bois, comme un petit chien. En plus il était tombé de la neige mouillée, et, comme par un fait exprès, j'avais attrapé une congestion pulmonaire. J'avais traîné un mois à l'hôpital de Phosphatogorsk avant de venir me joindre à cette fameuse expédition sous les ordres d'Aïrapet Kitchékian, "l'ingénieur génial".

Ainsi donc, contrairement à nos trois marteaux-piqueurs, j'avais encore un petit truc à faire avant de me laisser choir sur ma couche et de faire entendre un petit sifflement fin et distingué.

J'ai écrit à Lucia qu'elle pouvait me mépriser, c'était son droit, mais qu'elle devait me traiter comme un homme et non comme un chien et que, puisque des relations amicales s'étaient maintenant établies entre nous, elle devait tout de même répondre à mes lettres et me tenir au courant de ses activités.

J'ai écrit ma lettre, je l'ai glissée dans une enveloppe, et je me suis absorbé dans mes pensées. Tout à coup, j'ai eu peur : mon Dieu ! et si ma vie allait se mettre à dégringoler la pente ! Mon Dieu, et s'il n'y avait rien au monde en dehors de cette pittoresque combe ; et si tout ce qui m'était arrivé n'était qu'un rêve, un rêve que j'aurais fait en dormant vingt-sept ans au fond de ce trou ; et si je venais seulement de me réveiller et que depuis je gratte le sol… C'était déjà la troisième fois que je le grattais sans rien trouver, et si ça allait toujours être comme ça ? Et si j'étais sur un astéroïde perdu dans “l'une des galaxies les plus lointaines” et qu'il n'ait que soixante-treize kilomètres de diamètre, cet astéroïde, et si au soixante-quatorzième kilomètre, au lieu de la cité des Chlakobloki, il n'y ait qu'un abîme, une falaise débouchant sur le sombre espace cosmique ? C'était la première fois qu'une chose pareille m'arrivait ; j'étais affolé, je ne comprenais pas ce qui se passait, je ne parvenais même pas à mettre l'adresse sur l'enveloppe.

J'ai collé mon nez contre la fenêtre grande comme un cahier d'écolier, et j'ai vu Lénia qui continuait à se baigner au clair de lune. Il se roulait tout nu dans la neige argentée, et je voyais ses grosses jambes bleues qui battaient l'air. Quelle drôle de type, quel original ! Tous les jours, il se livre à cet exercice, et, quel que soit le froid, il ne met jamais de bonnet et ne porte jamais rien d'autre qu'un mince tricot chinois. Il s'est surnommé “le morse” et passe son temps à faire de la propagande pour qu'on se mette, nous aussi, à pratiquer ce sport si agréable. Il prétend que des associations de “morses” existent dans pas mal de pays ; lui-même est en correspondance avec un fou de son espèce qui habite la Tchécoslovaquie. Avec ce Tchèque il se livre à une compétition amicale, et ils échangent leurs expériences. L'autre lui écrit par exemple : “Cher ami soviétique, hier j'ai fait un trou dans la glace, et je suis resté une demi-heure sous l'eau.

Quand j'ai été bien recouvert de glaçons, je suis sorti pour aller m'étendre dans la neige. J'y suis resté une heure. Transformé ainsi en père Noël, je me suis doucement laissé rouler le long de la rivière en direction de Bratislava." Il va sans dire qu'après une lettre pareille notre Lénia se déshabille et fonce à la rivière pour marquer quelques points. Au début, il me faisait peur. C'est vrai, on rentre à la tente, le vent souffle, c'est la tempête, tout à coup qu'est-ce qu'on voit ? Etendu dans la neige, un grand corps velu.

Bazarévitch s'est redressé. Il s'est étiré, s'est frotté les oreilles avec de la neige et a commencé à enfiler son pantalon. J'ai écrit mon adresse : "Lucia Kravtchenko, foyer des constructeurs, baraque n° 7, rue des Forts-Voltages, Chlakobloki."

Si cette fois encore elle ne répond pas, me disais-je, c'est fini. Je la raye de ma vie privée. Je lui ferai comprendre qu'il n'y a pas qu'elle au monde, qu'il existe une ville nommée Krasnodar où je suis né et où je vais aller passer mes vacances. Après tout, elle n'est pas la femme idéale à cent pour cent comme elle le croit ; elle a bien des défauts, elle aussi.

Bazarévitch est rentré. Voyant l'enveloppe sur ma table, il m'a demandé :

— Ça y est, tu lui as écrit ?

— Oui, j'ai mis les points sur les *i*.

Il s'est assis sur son lit et a commencé à se déshabiller. Il ne fait que ça, il se déshabille, il se rhabille, tout son temps libre y passe.

— Je tiens une forme éblouissante, Vitia, m'a-t-il annoncé en se massant les biceps. Ecoute, m'a-t-il dit en passant aux abdominaux, comment est-elle, au moins, ta Lucia, ta célèbre Lucia Kravtchenko ?

— Comment te dire ça ? Pour ce qui est de la taille, elle m'arrive là ; elle doit faire un mètre soixante-cinq à peu près.

Il a eu un signe de tête approbateur.

— Pour une femme, c'est une bonne taille.

— Là, c'est comme ça, je lui ai montré, là aussi, elle a ce qu'il faut. En somme, pour ce qui est des paramètres, c'est correct.

Il a de nouveau approuvé de la tête.

— Bien, bien !

Mais j'ai ajouté d'un ton provocateur :

— Elle n'est pas sans défauts, cependant, la princesse.

Bazarévitch a poussé un soupir.

— Tu n'aurais pas une photo, par hasard ?

— Si, si – je commençais à être inquiet –, tu veux que je te la montre ?

J'ai tiré ma valise, et j'en ai sorti une coupure du journal local : Lucia, en costume ukrainien, dansait avec d'autres jeunes filles. Sous la photo on pouvait lire : “Nos jeunes filles travaillent avec ardeur sur les chantiers de construction, mais elles savent aussi trouver des distractions saines et culturelles. Ci-dessus une représentation du Cercle de chorégraphie.”

— La voilà, c'est la deuxième à gauche.

Bazarévitch est resté un long moment à examiner la photo en poussant force soupirs, après quoi il a déclaré :

— Vitia, tu n'es qu'un imbécile. Elle a tout ce qu'il faut, cette jeune fille. Il ne lui manque rien. Elle a absolument tout ce qu'il faut !

Il s'est couché. J'ai éteint ma lampe, et je me suis mis au lit, moi aussi. Par la minuscule fenêtre, je voyais un coin de ciel et un petit bout de montagne qui scintillait. Je ne sais pas si, enfant, j'avais rêvé de montagnes comme celle-ci recouvertes d'une couche de neige durcie, craquante et scintillante, mais ce coin de ciel m'a tout à coup fait penser à la hotte du père Noël. J'ai compris que je n'allais pas m'endormir, j'ai rallumé ma lampe, et j'ai pris mon journal. En expédition, j'emporte toujours un journal que j'étudie de *a* jusqu'à *z*. La dernière fois, j'avais acheté *La Roumanie populaire*, cette fois, c'était *Les Jeux sportifs*. Ça faisait au moins la centième fois que je relisais les articles, que je regardais les images, que j'étudiais les plans d'attaque des poteaux ennemis.

"Manque de sang-froid… Faute… But !"

"Comment se fabriquer une crosse soi-même."

"Bientôt, nouveau départ pour les USA ! En route pour Colorado Springs…"

"Comment tirer profit de sa supériorité numérique ?"

"La cuisine de Rey Meyer."

"Le service japonais."

Moi, Victor Koltyga, avant-centre, athlète accompli, entraîneur non moins remarquable que Rey

Meyer de l'université Saint-Paul, je me remettais en route, je retournais à Colorado Springs avec une crosse que j'avais fabriquée moi-même… Hum… “Peut-on jouer quand on porte des lunettes ?”, il paraît que oui ; aussi, muni de lunettes spéciales que j'avais fabriquées de mes propres mains, je forçais la ligne de défense de l'ennemi. Le gardien de but manquait de sang-froid, il commettait une faute, et je marquais un but en exécutant un service japonais impeccable. Lucia, vêtue d'un costume national finlandais, venait en patins m'offrir un bouquet de tulipes du Kouban.

C'est Tchoudakov et Evdochtchouk qui nous ont réveillés. Ils n'avaient pas pris la peine d'enlever leurs vêtements de dessus, et, tels quels, en gros pantalon et en pelisse, ils faisaient un bruit d'enfer avec leurs bottes, et, tout en sortant leurs valises, ils hurlaient :

— Debout !

— Debout, les gars !

— Si vous pioncez comme ça, vous allez louper le royaume de Dieu !

On se demandait ce qui arrivait. On comprenait seulement qu'il se passait quelque chose d'extraordinaire. Chacun s'est assis sur son lit, et les regards se sont braqués sur ces deux énergumènes qui vociféraient scandaleusement.

Volodia a demandé à Evdochtchouk :

— Tu apportes la paye, grand homme ?

— Nenni, a répondu ce dernier, ce sont les constructeurs qui ont eu leur paye.

A Phosphatogorsk, ça se passe toujours ainsi : on commence par payer les constructeurs, et ce n'est que quand ils ont tout bu, tout dépensé et que l'argent est revenu au Trésor qu'on nous paye, nous. C'est le mouvement perpétuel.

Qu'avaient-ils donc à faire tant de bruit, ces deux-là ?

J'ai essayé de deviner à mon tour :

— Vous avez dégoté une nouvelle bande* ? C'est encore *La Jeune Fille à la guitare* ?

— Penses-tu ! Pour ça, tu peux toujours te fouiller ! a fait Tchoudakov.

— Alors, vous avez trouvé de la compote ? a demandé Bazarévitch.

Tchoudakov a levé les bras au ciel :

— Les gars !

Les regards étaient rivés sur lui.

— Les gars, dépêchez-vous ! Levez-vous et sortez votre fric. Le *Kildin* vient d'aborder à Taly, et il porte toute une cargaison d'oranges.

J'ai tendu à Evdochtchouk mon index plié :

— Tiens, essaye de remettre ça droit** !

Ioura a éclaté d'un rire bruyant :

— Ce ne serait pas plutôt des ananas ?

— Ou des bananes ? a ajouté Volodia.

— Ou alors des noix de coco ? a ricané Micha.

— Ce sont peut-être des petits pâtés de grand-mère qu'il a apportés ; un cadeau que nous envoie

* Bande de magnétophone très répandue à l'époque en URSS. *(Toutes les notes sont de la traductrice.)*

** Geste qui signifie que l'on n'accorde pas foi à ce qui vient de vous être dit.

le continent ! Ils sont peut-être encore tout chauds, non ? a demandé Lénia.

Alors Evdochtchouk a enlevé sa pelisse. Puis il a déboutonné sa veste, et tout le monde a pu voir que, sous sa chemise, à droite, il avait comme un sein de femme. On en est restés bouche bée. Lui, pendant ce temps-là, a glissé sa main sous sa chemise et a sorti une orange. C'était une belle orange, une orange énorme qui avait bien la taille d'une tête de bébé. Sa peau était grumeleuse, brillante et comme lumineuse. Evdochtchouk l'a levée au-dessus de sa tête en la soutenant par en dessous du bout des doigts. L'orange était en l'air, juste sous la dosse de la tente, et notre camarade qui, disons-le franchement, n'ouvre jamais la bouche que pour jurer, la regardait, un sourire aux lèvres, et je dois dire que tous, à cet instant, on avait l'impression d'être en face d'un Roi mage, sincèrement. Ça faisait une scène muette, comme dans *Le Revizor*, la pièce de Nicolas Vassiliévitch Gogol.

Petit à petit, retrouvant nos esprits, nous avons commencé à examiner l'orange. Je suis certain qu'aucun d'entre nous ne l'aurait mangée si on le lui avait proposé. C'est qu'elle avait mis du temps à mûrir, elle s'était longuement gorgée de soleil quelque part dans le Sud, et maintenant elle était achevée, si l'on peut dire, elle était unique ; or il aurait suffi de quelques secondes pour la manger.

Evdochtchouk s'est expliqué. Il avait eu cette orange à Phosphatogorsk ; Paramochkine, l'expéditeur qui revenait de Taly, la lui avait échangée contre un canif. Alors Tchoudakov et lui s'étaient précipités ici, quoi, pour sonner le branle-bas.

Nous avons sauté de nos lits comme un seul homme, et chacun s'est affairé : l'un sortait une valise, l'autre un sac à dos. Ioura m'a touché l'épaule :

— Vitia, je compte sur toi pour l'argent ?

Je lui ai demandé d'un air étonné :

— Et toi, le tien, tu fais marcher le poêle avec, ou quoi ?

— Te moque pas ; tu sais bien qu'avec moi c'est pas perdu.

Nous sommes sortis de la tente, et nous nous sommes précipités chez Kitchékian pour lui annoncer notre excursion à Taly. Ça montait, et on courait tellement vite que toutes les cinq minutes on s'écartait du sentier tracé et on s'enfonçait dans la neige.

— Alors, je peux avoir confiance, hein ? m'a crié Ioura qui venait derrière moi.

Kitchékian était sur le terre-plein, près du feu de camp.

— Ça va, les gars, ne vous fatiguez pas. Des oranges ! Vous parlez ! Vous avez envie d'aller boire un coup, c'est ça ?

Alors, nous nous sommes tournés vers Evdochtchouk. Celui-ci, un regard nonchalant fixé sur la lune, défaisait sa pelisse d'un air détaché. Quand il a vu l'orange, Kitchékian est allé jusqu'à sourire. Evdochtchouk la lui a lancée, et il l'a attrapée d'une main.

— Elle vient du Maroc, a-t-il dit en lui donnant une petite tape de sa main gantée.

Puis il l'a renvoyée à Evdochtchouk qui la lui a lancée de nouveau. Ils ont fait un petit échange, quoi.

— C'est pour vous, a dit Evdochtchouk, elle vient du Sud comme vous !

Kitchékian a levé l'orange, et il s'est écrié :

— Que ce fruit somptueux soit un signe, qu'il nous annonce que le pétrole va jaillir ce soir ! Allez-y, les gars ; on viendra peut-être, nous aussi, si tout se passe comme je le souhaite.

Sans répondre, on a redégringolé la pente. Tchoudakov était déjà en train de faire chauffer le moteur.

Quand on roule de notre camp à Phosphatogorsk et qu'on voit toutes ces montagnes, ces montagnes sans fin, avec cette neige, ce ciel, cette lune, et qu'on ne voit rien d'autre, c'est plus fort que soi, on finit par se dire : Vitia, qu'est-ce que tu fiches ici ? Est-ce que tu imaginais, quand tu étais gosse, qu'un jour tu allais te retrouver dans un coin pareil ? Depuis le temps que je vadrouille en Extrême-Orient, je n'arrive pas encore à m'habituer à ces grands espaces déserts. J'aime quand on est tout plein de types dans un camion, dans une baraque ou sous une tente, même si l'air y est à couper au couteau. Parce que quand il y en a un qui dort, un autre qui mange de la viande, un troisième qui parle d'un village quelconque de la région de Tambov, de pommes et de petits pâtés, un quatrième qui compose une épître à sa petite amie pendant que le poste grésille et que son voyant clignote, on a l'impression que le monde entier est là et qu'on n'a rien à craindre, ni les horreurs atomiques ni le strontium 90.

Tchoudakov fonçait, et le camion bringuebalait furieusement. On se cognait les uns aux autres, et on pensait aux oranges. Moi, j'avais eu l'occasion d'en manger plusieurs fois dans ma vie. La dernière, c'était à Moscou il y avait trois ans, pendant un congé. Oui, cette fois-là, j'avais fait une belle provision de vitamines !

Enfin on a dépassé la Pierre torse. En bas, à nos pieds, c'était Phosphatogorsk avec ses maisons en préfabriqué, ses alignements de lampadaires, sa voie ferrée. La patinoire, au centre de la ville, avait l'air toute bleue au clair de lune.

On est donc descendus dans ce "grand centre commercial et culturel" qui compte, quoi qu'on en dise, cinq mille habitants, et, sans réduire sa vitesse, Tchoudakov s'est mis à tourner dans ces rues toutes pareilles, entre ces maisons toutes pareilles. Un jour, je vivrai peut-être dans l'une de ces maisons à quatre étages, moi aussi. Si la camarade Kravtchenko trouve le temps de s'arracher à ses chères activités, bien sûr, et de répondre à mes intentions honnêtes. Je me demandais seulement comment je ferais pour retrouver ma demeure quand j'aurais bu un coup après la paye. Il faudrait faire une marque quelconque, ou mettre une inscription : "Appartement occupé, chef de famille : Victor Koltyga."

Nous avons enfin débouché sur la grande route, nous foncions dur. C'était plat, les niveleuses étaient passées. Ioura rêvait :

— Je vais la couper en deux, j'y mettrai un peu de sucre, et je la mangerai.

— Gros malin, va, lui a dit Bazarévitch, il est de mauvais ton de mettre du sucre sur les oranges !

Micha m'a demandé :

— C'est vrai que les oranges, ça contient de l'énergie solaire ?

— C'est parfaitement exact. Chaque orange contient trois kilowatts.

— Vitia, j'ai confiance, hein ! – C'était encore Ioura.

— Assez, tu me casses les oreilles ! Puisque tu as confiance, tais-toi. La confiance, ça demande le silence.

A ce moment-là, un camion déchargeur nous a rattrapés, un petit IAZ* à benne basculante. Mais au lieu d'être chargé de terre ou de cailloux, il était plein, archiplein de gars. Ils rigolaient, ils étaient d'excellente humeur. Le camion est passé à notre niveau, essayant de nous doubler.

— Hé ! leur avons-nous crié, où foncez-vous, les gars ?

— On va à Taly chercher des oranges.

On s'est mis à tambouriner à la cabine. C'était vexant de se laisser doubler par un petit IAZ vétuste.

— Tchoudakov, montre-nous ce que tu sais faire !

* IAZ : camion fabriqué à l'usine de Iaroslav.

Tchoudakov a compris de quoi il retournait, et il a appuyé sur le champignon, mais le IAZ avait filé, et nous avons aperçu un camion remorque avec des gars en manteaux de ville noirs accrochés dessus comme des mouches. Une seconde plus tard, on a, nous aussi, commencé le dépassement du camion, mais Tchoudakov a rétrogradé. Sur la remorque, les gars étaient comme des choucas, et ils se frottaient le nez bleui de froid.

— Où allez-vous si vite ?

— A Taly chercher des oranges.

On les ramassés, quoi ; sinon, avec leur remorque, ils seraient arrivés à Taly juste à temps pour entendre les uns et les autres se vanter de la quantité d'oranges ingurgitée. En plus, on les connaissait, ils étaient des ateliers de réparation.

C'est alors que Tchoudakov s'y est mis pour de bon. On s'est recroquevillés au fond de la benne, et on n'a plus eu qu'à écouter l'air qui sifflait, hurlait autour du véhicule. Quelques minutes plus tard, le camion déchargeur était derrière nous. Les gars s'étaient mis debout et tambourinaient à leur cabine à leur tour.

— Salut ! leur avons-nous crié.

— Eh ! ont-ils répondu, vous nous en laisserez bien un peu, n'est-ce pas ?

— On va tout bouffer !

La route a recommencé à monter, puis elle est descendue, et nous avons pu voir, en bas, dans l'obscurité bleue de la combe, toute une file de feux rouges, de feux arrière de voitures qui, elles aussi, se rendaient à Taly.

— On dirait qu'il y a carnaval ce soir à Taly ! a remarqué Lénia Bazarévitch.

A l'embranchement de la route qui mène au sovkhoz d'élevage, sous le lampadaire, il y avait un groupe compact de jeunes gens qui faisaient du stop. C'étaient des marins. Tchoudakov a freiné, et ils ont sauté dans le camion. On était maintenant plein à craquer.

— Où allez-vous, marins ? leur avons-nous demandé.

— A Taly chercher des oranges.

Ils nous ont raconté qu'ils venaient du port de Pétrovo en auto-stop. C'était l'équipage du *Sud* au grand complet ; il ne manquait que l'homme de quart. Tout à coup j'ai remarqué le petit gars, celui qui tournait autour de Lucia au bal. Il était là, avec son bonnet de marin enfoncé jusqu'aux oreilles et son col relevé ; il n'avait pas l'air bien gai.

— Oh ! je lui ai dit. Salut, Herri !

— Tiens ! m'a-t-il répondu, Vitia, bonjour !

— Alors, lui ai-je demandé, ça mord ?

— On ne se plaint pas.

On a échangé quelques mots, quoi, comme si on se connaissait bien ; pas comme des amis, mais comme des connaissances en tout cas.

Ainsi donc on fonçait. Tchoudakov se surpassait, on doublait toutes sortes de véhicules à moteur : des camions, couverts ou non, des tracteurs avec des remorques, des bulldozers, des motos. Bref, il était évident que tout ce qu'il y avait comme engins motorisés dans un rayon de cent kilomètres était sur la route.

Tout à coup, qu'est-ce qu'on voit : un attelage de chiens qui doublait la file sur le bas-côté ! Puis un autre, encore un autre… Les Nanaïs avaient décidé, eux aussi, d'aller faire une petite provision de vitamines !

On était là, comme ça, à fumer. Je racontais aux gars tout ce que je savais sur les agrumes, sans oublier de jeter un coup d'œil à Herri de temps en temps. Lui aussi, de temps à autre, il me regardait.

Brusquement j'ai vu qu'une moto avec un side-car nous rattrapait. C'était Serge Orlov tout habillé de cuir, avec de grosses lunettes et un casque. Il se tenait bien droit, les doigts largement écartés dans de longs gants. On aurait dit le motard d'une escorte officielle. Il y avait un gars derrière lui, c'était Nicolas Kaltchanov, et dans le side-car une fille qui portait, elle aussi, de grosses lunettes de motard. C'étaient des types de Phosphatogorsk, des intellectuels, la fille, par contre, j'avais l'impression de ne pas la connaître.

Ils avaient l'intention de nous doubler. Quand ils sont arrivés à notre niveau, je leur ai crié :

— Salut, Serge ! Hello, Nik !

— Tiens, Vitia ! Toi aussi tu fonces, tu te dis que tu mangerais bien quelques pommes de terre du Maroc ?

— C'est exact, on ne peut rien vous cacher !

— T'as des cigarettes ? m'a demandé Kolia.

Je lui en ai lancé un paquet qu'il a aussitôt tendu à la fille. Cette dernière s'est tapie derrière son pare-brise pour essayer d'en allumer une. C'est là que je l'ai reconnue : c'était Katia, la femme de notre Aïrapet Kitchékian, professeur à Phosphatki*. Elle a enfin réussi à allumer sa cigarette et m'a fait un petit signe de la main ; elle avait tout de même fini par les montrer, ses petites dents !

Quand elle était arrivée du continent avec son mari, Aïrapet était passé inaperçu, tellement sa femme était belle. Une petite blonde, on aurait dit Barbara Kviakovski de la revue *L'Ecran*. Il y avait eu une belle panique là aussi, un peu comme cette fois avec les oranges. Tout le monde s'arrangeait pour venir faire un tour à Phosphatogorsk, tout le monde voulait la voir. Après, bien sûr, ça s'était tassé.

C'est pas une moto qu'il a, Serge, c'est un tigre. Il nous a doublés sans le moindre effort, et il nous a semés. Tchoudakov a bien essayé de le suivre, mais bernique ! On ne les a rattrapés qu'au soixante-treizième kilomètre ; ils étaient en train de sortir leur moto d'une ornière. Kaltchanov boitait, et Katia se marrait. Elle racontait qu'elle s'était envolée du side-car, qu'elle avait fait une dizaine de mètres ; non, pas dix, vingt mètres ; non, pas vingt, bien sûr, quinze ; elle avait fait cinq mètres, quoi ; bon, d'accord, cinq mètres… et elle s'était retrouvée le nez dans la neige. Quant à Orlov avec son casque, il était dans la neige jusqu'à la ceinture et gardait son air digne. Nous les avons aidés à sortir la moto, et ils sont repartis, plus lentement cette fois, sans plus chercher à nous doubler.

* Phosphatki : appellation familière de Phosphatogorsk.

En somme, la route était très animée. On entendait ronfler des dizaines de moteurs. Juste avant les Chlakobloki, nous avons croisé un autobus régulier Taly-Phosphatogorsk et un petit rigolo a jeté dans notre camion une poignée d'écorces d'oranges.

Nous sommes entrés aux Chlakobloki à fond de train. Les maisons dansaient devant mes yeux. J'étais complètement perdu, je ne savais même plus dans quel coin était la baraque de Lucia. Tout à coup, j'ai réalisé que dans quelques instants ça allait être fini, on allait la quitter, cette cité, ma capitale à moi. Mais Tchoudakov a brusquement arrêté le camion et m'a demandé :

— Tu vas voir ?

J'ai regardé Herri. Il avait les yeux fixés sur moi. J'ai sauté du camion, et je me suis dirigé vers sa baraque.

Tandis que je m'éloignais, Tchoudakov a ajouté :

— Fais vite, hein !

J'ai entendu que derrière mon dos les gars commençaient à sauter à terre. L'arrêt était donc le bienvenu.

Je suis entré dans la chambre avec désinvolture, comme si je passais par hasard. Il n'y avait personne. Les lits étaient faits avec soin, comme toujours chez les filles, et, dans un coin, sur une corde, il y avait des tas de petites choses roses et bleues qui séchaient. J'ai préféré ne pas trop les regarder. Par contre, j'ai lu les petits mots sur la table :

"Choura, nous sommes parties à Taly. Rosa."

"Igor, nous allons chercher des oranges. Nina."

“Slava, revends les billets et viens à Taly. I. R.”

“Eddy, je vais à Taly chercher des oranges. Excuse-moi, Lucia.”

“Qu’est-ce que c’est que cet Eddy ? me suis-je dit. C’est pas Tanaka, au moins ? Si c’est lui, je peux toujours courir !”

Vous parlez. Essayez donc de faire le poids en face d’un type pareil, Eddy Tanaka, champion de ski de la région.

J’ai pris ma lettre, je l’ai posée sur la table, et je suis sorti. A la porte, j’ai rencontré Herri.

— Alors, comment elles vont, les filles ? a-t-il bredouillé.

— Elles sont parties à Taly. Je parie qu’elles sont déjà en train de se goinfrer d’oranges !

Nous sommes retournés au camion ensemble.

— Tu connais Tanaka ? lui ai-je demandé.

— Le champion du combiné ?

— Oui.

— Non, je ne le connais pas. Je l’ai seulement vu sauter au cinéma.

— Il n’y a pas qu’au cinéma qu’il sait sauter !

— Pour sauter, il saute bien.

Près du camion, la neige était décorée de motifs orange très compliqués. Nous sommes remontés, et le camion est reparti.

II

NICOLAS KALTCHANOV

A la réunion du Komsomol, j'ai été invité à me raser la barbe. Il y avait beaucoup de monde à cette réunion, c'était pourtant jour de paye au trust. On savait que ce problème crucial allait être posé, et chacun voulait prendre part à la discussion ou, au moins, se payer une franche partie de rire.

Pour la bonne forme, on a commencé, bien sûr, par échanger quelques propos sur le travail culturel en direction des masses et sur les activités sportives, après quoi on est passé à la question cardinale de l'ordre du jour intitulée "l'allure du jeune communiste".

Erofeïtsev a présenté une communication. Il a constaté que la plupart des jeunes communistes, en dehors de leurs heures de travail, étaient propres, soignés et soucieux de leur apparence, cependant (mais… à côté de cela… il convenait malheureusement de remarquer…) il y en avait encore qui se négligeaient… et à ce propos, il convenait de citer le jeune ingénieur Kaltchanov.

— Si Kaltchanov, excuse-moi, Kolia – j'ai opiné du bonnet –, si Kaltchanov était géologue, a expliqué Erofeïtsev, et qu'il se soit laissé envahir par la barbe d'une manière, disons, naturelle (rires dans la salle), je comprendrais ; mais, Nicolas, tu n'es même pas peintre, et, je te demande pardon, mais c'est du dandysme, et puis, on n'est pas à Moscou ici, ni à Léningrad !

Un brouhaha s'est élevé dans la salle. Les gars de mon équipe criaient qu'en matière de barbe charbonnier est maître chez soi, qu'Erofeïtsev n'avait plus qu'à contrôler aussi la façon dont chacun s'occupait de ses petites affaires personnelles, et qu'en fin de compte tout ça, c'était de la contrainte, etc. D'autres criaient autre chose. C'étaient les filles des Chlakobloki qui étaient les plus acharnées. Il y en avait une dans le groupe qui n'était pas mal du tout. Elle a déclaré qu'on avait beau dire, mais que l'apparence d'un homme portait témoignage sur son monde intérieur. C'était une petite noiraude, pour parler vulgairement, le type de Silvana Pampanini. J'ai voulu lui faire de l'œil, et elle s'est relevée pour ajouter que les mauvais exemples étaient contagieux.

On est passés aux voix. La majorité s'est déclarée contre ma barbe.

— Bien, je vais la raser, ai-je déclaré.

— Tu veux peut-être dire quelque chose, Kolia ? m'a proposé Erofeïtsev.

— Bah ! Qu'est-ce que tu veux que je dise ? C'est décidé, un point c'est tout. Il n'y a plus rien à ajouter.

Tel a été mon discours. L'assistance est restée sur sa faim.

— On ne t'oblige pas, tu sais, m'a expliqué Erofeïtsev. C'est pas un ordre qu'on te donne ; il y a des camarades qui n'ont pas bien compris, qui n'ont pas réfléchi assez. Nous te connaissons, tu es un bon spécialiste, et dans la vie aussi, en somme, tu es un élément solide. Nous te donnons un conseil, c'est tout.

Il me parlait comme à un malade.

Je me suis levé, et j'ai déclaré :

— Ça va, n'en parlons plus. La décision est prise, elle sera exécutée. Je vais la raser. Faites comme si ma barbe n'existait plus. Son heure a sonné.

Et c'est là-dessus que la réunion s'est terminée.

En sortant de la salle, j'ai aperçu Serge au fond du couloir. Il avait un rouleau de papiers sous le bras. Je me suis adossé au mur, et je l'ai regardé qui s'avançait, grand, à peine épaissi depuis trois ans qu'il avait quitté l'Institut, élégant comme un guide de l'Exposition française.

— Alors, *barbudo*, les affaires vont mal ? m'a-t-il demandé. Ça, ça lui était resté, cette façon amicale mais un peu condescendante de traiter les gens. On dirait toujours un étudiant du cours supérieur qui parle à un bizuth.

Je me suis mis au garde-à-vous.

— Mal, c'est beaucoup dire, chef, mais c'est pas très brillant.

— C'est pas le café Aélita ici, hein ! a-t-il remarqué avec un bon sourire.

— C'est exact, chef. Judicieuse remarque.

— Tu la regrettes, n'est-ce pas ? Avoue !

Et il m'a fait un clin d'œil tout en me tiraillant la barbe.

— Oh non, c'est pas grave. – J'étais troublé. – Tant pis, c'est pas une affaire… c'était pas…

— Arrête, arrête ! Te voilà remonté comme un jouet mécanique ! m'a-t-il dit en riant. Tu viens ce soir ?

— Très volontiers, avec grand plaisir !

— Tout de suite, on a une conférence – il m'a montré ses plans du regard –, une petite parlotte qui va bien durer quarante minutes, une heure…

— Je comprends, chef, je comprends. Et je suis pénétré de respect…

Tout souriant, il m'a amicalement tapé sur la tête avec son rouleau, et il a continué son chemin.

— Demande-lui, pour le ciment, m'a rappelé notre brigadier, mon homonyme Kolia Markov.

Serge, qui était devant la porte du directeur, s'est retourné.

— Quel ciment ? a-t-il demandé d'un air innocent.

— Vous, vous n'avez même pas besoin de couteau pour nous trancher la gorge ! lui ai-je crié avec une petite pointe d'hystérie.

Derrière l'ingénieur en chef adjoint, on a aperçu le visage effaré de la secrétaire du directeur.

— On vous en enverra demain, a dit Serge, et il est entré.

Une fois dehors, j'ai jeté un coup d'œil aux énormes montagnes qui dominent notre ville. L'une d'entre elles laissait apercevoir un petit bout de lune, et on voyait très nettement les quelques arbres de son sommet, parfaitement détachés les uns des autres. Je suis passé derrière le bâtiment où il n'y avait personne, et j'ai regardé la lune se lever. Elle montait dans le ciel, assez rapidement je dois dire, tandis que des ombres bleu marine et des bandes de lumière d'un bleu pâle et argenté s'étalaient sur les montagnes et sur les combes. J'avais devant les yeux un véritable Rokwel Kent. Je me suis dit que ce relief époustouflant s'étendait sur des centaines et des centaines de kilomètres vers le nord et qu'il y avait peu d'hommes dans toute cette immensité, peu d'animaux même, et j'ai imaginé, quelque part dans une station météorologique, un homme et une femme en train de faire du feu ; un homme et une femme qui ne se lasseraient jamais l'un de l'autre.

De l'autre côté du bâtiment, j'entendais du bruit. On se mettait d'accord pour aller "casser une petite graine et boire un coup", quelqu'un mettait une moto en route, des jeunes filles riaient.

Un groupe de filles a tourné le coin. Elles étaient pataudes et informes avec leurs pelisses et leurs grosses bottes de feutre. Elles rejoignaient la station d'autobus. C'étaient les filles des Chlakobloki. Elles sont passées devant moi, jasant comme des pies, mais l'une d'elles s'est retournée et m'a vu. Elle a sursauté et s'est immobilisée. J'imagine l'allure que j'avais, tout seul sur le fond de ce mur blanc éclairé par la lune.

Elle est revenue et s'est arrêtée à quelques pas de moi. C'était cette même Silvana Pampanini. Nous sommes restés quelques instants à nous regarder sans rien dire.

Puis elle m'a demandé avec un frémissement dans la voix :

— Alors, qu'est-ce que vous faites là tout seul ?

— Comme ça, vous êtes des Chlakobloki ? ai-je dit sans faire un pas.

— Ce que j'ai dit vous a fait de la peine, n'est-ce pas ? – Elle parlait déjà sur un autre ton, avec ironie.

— Et vous vous appelez comment ?

— Bon, je m'appelle Lucia. Mais ma critique était fondée, reconnaissez-le.

— C'est juste. On va au cinéma ?

Soulagée, elle a éclaté de rire.

— Commencez par vous raser ; vous lancerez des invitations après ! Oh là là, l'autobus arrive !

Et elle s'est sauvée en se dandinant maladroitement avec ses grosses bottes. Quelqu'un qui l'aurait regardée courir à ce moment-là n'aurait jamais imaginé qu'elle a un corps de Diane. Passant une dernière fois la tête derrière le kiosque à journaux, elle a regardé Nicolas Kaltchanov qui projetait sur le mur une ombre grotesque et monstrueuse.

Je suis ressorti sur le devant du bâtiment, et je me suis dirigé vers le Broadway de Phosphatogorsk, illuminé par nos quatre enseignes au néon dont nous sommes si fiers : *Alimentation*, *Cinéma*, *Restaurant* et *Livres*. C'est une petite ville qui a de la prétention que la nôtre, elle se saigne aux quatre veines pour tout avoir comme les grandes. On a même des taxis : six voitures !

Je suis passé devant le cinéma. On donnait *Mère Jeanne des Anges*. Je l'avais déjà vu deux fois : hier et avant-hier. J'ai longé le restaurant, qui était bondé. Le store laissait apercevoir le tableau d'Aïvazovski *La Lame de fond* dans un cadre somptueux, et, juste au-dessous, la tête de Pak Don Ki, le batteur, notre Coréen de Sakhaline. Je me suis arrêté pour le regarder. Il exultait. J'ai compris que l'orchestre jouait quelque chose de rapide. Quand ils jouent quelque chose de rapide et de bruyant, comme par exemple *La Cerisaie*, Pak ne se sent plus ; par contre, quand le morceau est calme, comme *La Steppe*, il n'a pas le moral. Il n'aime pas ce qui est lent. Cette fois, il rayonnait, on aurait dit la lune. J'ai compris qu'il jouait en solo et qu'avec ses mains et ses pieds il était en train d'improviser un break époustouflant tandis que les gars du trust le regardaient bouche bée en se poussant du coude et en dressant leur pouce. On ne peut pas dire que le jazz de notre restaurant soit démodé ; on ne peut pas dire non plus qu'il soit à la pointe du moderne ; bref, il est difficile de lui mettre une étiquette. C'est une formation tout à fait originale. Des gars pleins de dynamisme. Et quel effet quand ils se lèvent chacun à leur tour et se lancent, en solo, dans des improvisations d'une audace inouïe ; après ils reprennent tous ensemble, et alors, il y a vraiment de quoi tomber à la renverse.

Quand j'en ai eu assez d'admirer Pak et de me réjouir pour lui, j'ai continué mon chemin. J'avais un peu mal à la tête, j'avais sans doute pris froid sur le chantier en discutant avec les ouvriers.

Le magasin d'alimentation était plein à craquer. Les gars de notre trust prenaient les comptoirs d'assaut, quant aux mineurs, aux mécaniciens et aux géologues, ils essayaient de taper les nôtres d'un petit billet de trois ou de cinq roubles. En effet, nous, on venait de nous payer, et le tour des autres n'était pas encore arrivé.

Moi aussi, je me suis fait taper : un petit gars que je connaissais, un chauffeur de l'équipe d'Aïrapet, m'a demandé cinq roubles.

— Avec moi, tu sais, c'est pas perdu !

— Comment ça va là-bas ?

— Oh ! Ils s'obstinent, mais ça ne donne pas grand-chose.

— Mes amitiés à Aïrapet.

— Je n'y manquerai pas.

Il s'est enfoncé dans la foule, et je l'ai suivi.

"Pourvu que ça dure !", me disais-je.

J'aime bien Aïrapet, et je serais heureux qu'il réussisse, mais ça me rend malade de le voir avec Katia.

J'ai pris deux bouteilles de cognac tchétchène-ingouche et un kilo de bonbons au nom très appétissant de Zoologiques, fourré tout ça dans les poches de ma veste, et je suis ressorti.

Juste au bout de notre Broadway, c'est la montagne : des buissons denses avec, immédiatement au-dessus, en aplomb, la forêt transparente, des troncs noirs, des ombres bleu marine, des taches de lumière d'un bleu clair et argenté. Les branches des arbres sont complètement enchevêtrées. Tout cela a quelque chose de brutal, de précis, d'un peu affolant. Je comprends pourquoi les dessinateurs préfèrent représenter les arbres sans feuilles. Des arbres sans feuilles, c'est plus vrai que des arbres avec feuilles.

Derrière moi, pourtant, j'avais une bonne rue comme toutes les autres, une rue pareille à n'importe quelle rue de la banlieue de Moscou ou de Léningrad, et il était bien difficile d'imaginer que là-bas, de l'autre côté de la montagne, la ville ne continuait pas, que durant des milliers de kilomètres il n'y avait plus de maisons en préfabriqué ni de néon, qu'il n'y avait plus qu'un territoire incommensurable, précis et parfaitement étudié où, si l'on n'a rien à manger, on n'a vraiment rien à manger, si l'on est seul, on est vraiment seul, et si la fin approche, c'est vraiment la fin. Il ne fait pas bon s'y trouver seul !

Je suis resté quelques instants à la limite entre ces deux domaines, puis j'ai pris à gauche, et je me suis retrouvé devant chez moi. Notre maison est la dernière de la rue, et elle le restera toujours parce qu'après, c'est la montagne. Ou la première, si on commence à compter par là.

Stassik n'était pas rentré. J'ai posé mes bouteilles sur la table, et j'ai commencé à manger du caviar d'aubergine en écoutant la radio.

— En Turquie, le coût de la vie continue à augmenter, a dit le poste.

J'avais déjà entendu ça le matin. C'était même la première phrase que j'avais entendue ; la deuxième avait été :

— Où est-ce qu'il a encore fourré mes haltères, ce maudit barbu ?

C'était Stassik.

Je n'aime pas quand j'arrive et que Stassik n'est pas là. Oui, c'est entendu, il est très bruyant ; il porte ses chemises à l'endroit puis à l'envers, il allonge, pour ainsi dire, leur période d'utilisation ; et puis, la nuit, il n'arrête pas de grignoter des biscuits qu'il arrose d'eau du robinet, et ça fait du bruit, ça fait tellement de bruit que je me fourre la tête sous l'oreiller et que je chantonne tout bas pour qu'il ne m'entende pas : "Sa-le-té, je voudrais que tu t'étouffes avec tes bis-cuits…" Mais aussi, s'il avait été là, il aurait posé son livre et m'aurait demandé : "D'où tu viens, vieux singe barbu ?", et je lui aurais répondu : "Je viens de la réunion du Komsomol."

Et puis, quand nous avons un peu bu, nous parlons de Katia, tous les deux.

Je me suis levé pour mieux fermer les portes des placards qui grinçaient. J'ai même mis une chaise devant pour qu'elles ne puissent pas se rouvrir. Je déteste les portes de placard ouvertes, et je frémis vraiment jusqu'à la moelle des os quand elles s'ouvrent toutes seules en faisant entendre ce petit grincement qui vous pince au creux de l'estomac. J'ai alors une sensation bizarre : j'ai l'impression qu'à tout moment il faut s'attendre à voir surgir une tête ou qu'il peut tout simplement se passer quelque chose de très désagréable.

J'ai sorti mon projet, et je l'ai étalé sur la table en le fixant avec des punaises. J'ai allumé une cigarette, et je me suis reculé. Il était là, devant moi, ce futur centre de Phosphatogorsk, tout en verre et en acier, harmonieux, inattendu. Excusez-moi, mais il vient toujours un moment où l'on peut juger son travail soi-même. On peut vous dire n'importe quoi, des choses sensées, des idioties ou un mélange des deux ; vous, vous êtes là, figé comme un bout de bois, et vous ne dites rien, mais vous savez parfaitement ce qu'il en est.

C'est pas mon affaire, bien sûr ; moi, je suis contremaître. Après tout, je sors seulement d'un Institut de la construction. Mon affaire, à moi, ce sont les commandes, le ciment, la bétonnière. Mon affaire, c'est le nez bleu et les joues couleur de betterave. Mon affaire, c'est “Chef, si on descendait s'en jeter un ?”, et hop ! nous voilà à l'intérieur. “Allons, allons, les gars ! Je vous veux du bien ! C'est la boîte qui paye !” Mon affaire, c'est de trouver une langue commune. Allons donc ! Mon affaire, c'est mon affaire ! Mon affaire, c'est de rester figé devant ma table, de fumer et de me présenter des félicitations, parce que, réellement, j'ai fait quelque chose de bien.

Je ne suis qu'un barbouilleur. Je ne montre mon projet à personne, même pas à Serge. Tout ça, c'est parce que je ne veux pas grimper. Si on adoptait mon projet, et qu'on me donne pour ça un poste moins intéressant et que les ennuis commencent, alors là je serais tranquille. Je suis incapable, physiquement incapable, de grimper. Parce qu'enfin, à ce moment-là, chacun se mettrait à regarder ma gueule et à se dire : "Bon, lui, ça marche ; il est bien parti !" Seul Stassik est au courant, personne d'autre, même pas Katia.

Les copains, ça se présente mal pour moi. Je suis amoureux. A quoi bon faire des cachotteries, je suis amoureux de la femme de mon ami Aïrapet Kitchékian. C'est bête, n'est-ce pas ?

J'ai pris une bouteille ; de deux coups du plat de la main j'ai fait sauter le bouchon, et j'ai bu deux gorgées au goulot. A l'étage au-dessus quelqu'un a branché son poste.

Une voix de femme s'est fait entendre :

Achète-moi des violettes, tiens, voici des violettes des bois…

Tiens, voici des violettes des bois, tu es couverte de violettes des bois, ton visage est couvert de violettes des bois, et tes petits pieds écrasent des baies. Tes petits pieds nus. Ils écrasent des fraises des bois.

J'ai pris une autre gorgée, et je me suis laissé tomber sur le lit. Puis j'ai ouvert le tiroir de ma table de nuit, et j'ai sorti les lettres que j'avais reçues le matin et que j'avais à peine eu le temps de regarder.

Ma mère venait de convoler une fois de plus. Cette fois, c'était avec un metteur en scène. Inka m'aimait toujours. Penkin m'annonçait qu'un almanach avait publié quelque chose d'Oleg. Il promettait de m'envoyer des cigarettes avec filtre. "Vieille savate, tu n'es pas encore crevé ?" me demandait Oleg en personne, après quoi venait toute une série d'insultes nullement méritées.

J'ai replacé les lettres dans mon tiroir, et je me suis levé. La glace m'a renvoyé mon image. Fallait-il la raser tout de suite ? Et comment le faire ? Je risquais de me coupailler les joues ! Je me suis pris par les oreilles, et j'ai lancé un clin d'œil à cet autre qui me regardait dans la glace.

— Kaltchanov, lui ai-je dit, tu n'es qu'un voyou.

— Ha, ha !... m'a-t-il répondu.

J'ai essayé de le mettre en garde :

— Tu vois bien que tu es en train de dégringoler la pente !

— Ha, ha !... a-t-il fait de nouveau, et il m'a adressé son sourire le plus déplaisant.

— Je t'aime bien, petit salaud !

Il a baissé le nez.

A ce moment-là, on a frappé. J'ai ouvert. Katia, toute rose, est passée devant moi avant d'entrer directement dans la chambre.

Otant sa parka, elle l'a jetée sur le lit de Stassik, puis elle s'est approchée de la glace et a commencé à se peigner. Elle s'est fait une mèche, bien sûr, qui lui a pratiquement caché l'œil droit. Elle était en gros pull-over et en blue-jean, avec aux pieds d'énormes bottes comme nous tous.

Tout à coup elle a vu la bouteille dans la glace.

— Tiens, tu bois en suisse ? C'est mauvais signe.

J'ai pris sa parka sur le lit de Stassik, et je l'ai jetée sur le mien, puis je me suis approché d'elle. J'aurais dû ranger mon plan qui était sur la table, mais je ne l'ai pas fait, je ne sais pas pourquoi ; je me suis contenté de le dissimuler en me mettant devant.

Katia inspectait la pièce, elle secouait les livres, tout ce qu'elle trouvait.

— Qu'est-ce que tu lis ? *Hôtel particulier* de Faulkner ? C'est pas mal, hein ? Moi, je n'y ai rien compris. Il est bon, ce cognac ? Je peux goûter ? C'est ça, les haltères de Stassik ? Oh là là...

Je ne savais pas ce qu'elle était venue faire, et je me demandais si elle était énervée ou de bonne humeur ; je la regardais qui tournait dans le petit espace, encore rose, toute mince et je pensais aux vers de Blok : "Elle est venue du dehors, rougie par le froid, et elle a rempli la pièce..." Je ne me souvenais pas de la suite. Au bout d'un petit moment, elle s'est assise sur mon lit et elle m'a regardé. Pour commencer, elle m'a souri à la fois amicalement et ironiquement, comme Serge Orlov ; puis elle m'a souri amicalement tout court, comme son mari Aïrapet ; puis elle m'a souri d'un air inquiet ; enfin elle a cessé de sourire et s'est contentée de me regarder par en dessous.

Moi, je la couvais du regard, et je me disais :

"Mon Dieu ! Comme c'est dommage que je vienne seulement de la rencontrer ; comme c'est dommage que nous n'ayons pas vécu dans la même maison et que nos familles n'aient pas été amies ;

que je n'aie pas eu l'occasion de lui offrir mon amitié et de l'inviter à aller faire du patin ; que nous n'ayons pas passé nos vacances dans le même camp de pionniers ; que je n'aie pas été le premier à l'embrasser et que ce soit dans les bras d'un autre qu'elle ait connu les premiers frémissements de l'approche !"

Le tour que prenait cette histoire me paraissait étrange, impensable ; parce qu'en fait elle avait toujours été près de moi. Même au camp de pionniers, sur l'estrade, quand j'étais fasciné par le mur sombre que faisait la forêt (on l'aurait crue découpée dans du fer-blanc), par le ciel vert et par la première étoile, elle était déjà là... Nous chantions :

Il était une fois, dans le Sud lointain,
Ce pays où jamais il n'y a de tempêtes,
Un garçon jeune et beau qui s'appelait John Gray.
Il était fort et grand, il était chenapan...

J'étais encore étonnamment gosse ; je ne savais pas ce que c'était qu'un chenapan, et je chantais : *Il était jeune et grand*. Un drôle de petit gars, en somme ! On chantait aussi *Bill a les dents serrées* et *Dans le port de Captown*, et le romantisme de ces petites chansons marrantes agissait sur nos cœurs sans rencontrer la moindre résistance. Et ce romantisme, c'était elle, Katia ; Katia que je ne connaissais pas encore et que je ne devais rencontrer qu'ici. Oui, Katia, c'est le romantisme sans fin, c'est la toute première jeunesse, c'est... Oh là là, Seigneur, c'est... Oui, oui, oui, c'est "oui" toujours et "non" jamais. Et elle le sait, et c'est pour me dire "oui" qu'elle est venue, parce qu'elle a senti qu'elle était tout cela pour moi.

— Vous pourriez quand même vous payer un abat-jour ! – Il y avait de l'inquiétude dans sa voix.

— Ah oui, un abat-jour !

J'ai regardé notre pauvre ampoule qui pendait au bout d'un long fil et se balançait à la hauteur de ma poitrine. Quand on a envie de travailler, on est obligé de la fixer au vasistas.

Elle a continué d'une voix un peu plus assurée :

— C'est vrai, Kolia, vous pourriez au moins mettre quelque chose aux fenêtres !

— Ah oui, les fenêtres !

J'ai lancé à nos fenêtres nues et noires un regard vide, puis j'ai regardé Katia bien en face. Ses yeux se sont voilés de peur et sont devenus sombres et nus comme nos fenêtres. J'ai fait un pas vers elle, et j'ai remonté l'ampoule. Katia s'est levée.

— Vous pourriez acheter une radio, a-t-elle balbutié, il faut tout de même vivre comme tout le monde…

L'ampoule oscillait, et nos ombres dansaient sur les murs et sur le plafond, énormes, étranges. Debout, nous nous regardions. Nous étions à un mètre l'un de l'autre.

J'ai bredouillé :

— Il faudrait des fleurs aussi, non ? Ça serait bien, des fleurs, tu ne trouves pas ? Des fleurs en papier, énormes…

— Les fleurs en papier, c'est pour les enterrements.

— Tu as raison, c'est pas des fleurs en papier qu'il faudrait, c'est des violettes, des violettes sauvages. Fais comme s'il y en avait. Toute la pièce en est pleine. Imagine que c'est comme ça.

J'ai attrapé l'ampoule, et je l'ai dévissée en me brûlant les doigts. Pendant quelques secondes, dans une obscurité totale, j'en ai vu des dizaines qui sautillaient puis disparaissaient ainsi que des ombres qui allaient et venaient sur les murs. Mais bientôt l'obscurité a retrouvé son calme, et j'ai vu de nouveau les fenêtres bleues et la silhouette sombre de Katia. Puis son chemisier a fait une tache pâle, et j'ai vu ses yeux. Je me suis approché d'elle, et je l'ai prise dans mes bras.

— Non, m'a-t-elle murmuré avec désespoir.

J'embrassais ses cheveux, ses joues, ses yeux, et je murmurais :

— Ce n'est pas juste, c'est contraire aux règles : moi, tu dois toujours me dire "oui". Tu le sais bien !

Elle détournait son visage avec force et obstination. Elle était dans mes bras, forte, dure, souple, fuyante. J'avais l'impression de m'être trompé et d'avoir attrapé dans l'obscurité un animal de la forêt, une chèvre ou un élan.

Elle m'a crié :

— Kaltchanov, tu es un voyou !

Je l'ai immédiatement lâchée. Je savais ce qu'elle voulait dire.

J'ai balbutié :

— Oui, c'est vrai, je suis un voyou. Je comprends parfaitement. Voyons, mais bien sûr… Excuse-moi…

Mais elle ne s'est pas écartée de moi. Ses yeux brillaient. Elle a posé ses mains sur mes épaules.

— Non, Kolka, tu ne comprends pas… Tu n'es pas un voyou !…

— C'est vrai, je ne suis pas un voyou, je suis un polisson. Kolka le gamin intrépide, le polisson aux yeux bleus, mon adorable compagnon de jeux… Il faut lui tirer les oreilles…

— Mon Dieu ! a-t-elle murmuré, et tout à coup elle s'est serrée contre moi, elle s'est pressée, elle s'est collée ; elle a pris ma tête entre ses deux mains, et elle n'était plus forte du tout, elle était absolument sans défense, mais puissante en même temps.

Soudain elle s'est reculée, et, appuyant ses mains sur ma poitrine, elle a murmuré :

— Où étais-tu, Kolka ? Où étais-tu il y a un an ?

A sa voix, on aurait pu penser qu'elle venait de pleurer plusieurs heures d'affilée.

A ce moment-là, la porte a claqué et quelqu'un est entré. Il s'est cogné, et on a entendu un juron. C'était Stassik. Il a craqué une allumette, et j'ai vu son visage et sa bouche ouverte. Il nous regardait. L'allumette s'est éteinte.

— Ce maudit barbu s'est encore tiré ! – Et Stassik est reparti en faisant sonner ses talons.

— Allume ! m'a dit Katia à voix basse.

Elle s'est assise sur le lit et a commencé à remettre ses cheveux en ordre. Moi, je me suis occupé de l'ampoule. Bizarrement je ne savais plus où je l'avais mise, et il a fallu que je cherche un bon moment. Enfin je l'ai retrouvée, et je l'ai prise dans mes mains. Elle était encore toute chaude.

"Bon, me disais-je, Katia, ma petite Katia... C'est décidé, sans rien prendre en considération, sans tenir compte de rien et sans regarder en arrière, et quelle que soit ta tête quand je vais rallumer..."

— Qu'est-ce que tu attends ? m'a-t-elle demandé calmement, revisse l'ampoule !

Elle avait l'air parfaitement calme et ironique. Soudain elle m'a regardé de biais et par en dessous, comme si elle me voyait pour la première fois et qu'elle soit déjà amoureuse de moi ; comme si j'étais un cow-boy, et que je vienne seulement d'entrer, mes bottes couvertes de poussière, tout bronzé d'avoir couru le monde.

— Katia !

Mais elle repassait déjà sa parka.

Elle a relevé son capuchon, tiré sa fermeture éclair, remis ses gants, et voilà tout à coup qu'elle a aperçu mon projet.

— Qu'est-ce que c'est que ça ? s'est-elle écriée, mais c'est formidable !

— Katia ! Ça va... Laisse... Après...

Mais elle continuait à l'examiner.

— Quelle bâtisse, c'est extraordinaire !

Je détestais mon travail.

Elle a éclaté de rire :

— Toc, toc, toc... Je monte l'escalier...

J'ai corrigé :

— Il y aura un ascenseur !

— C'est de toi ?

— Non, c'est de Le Corbusier.

J'ai allumé une cigarette, et je me suis assis sur le lit.

— Ecoute un peu, Katia ! Bon, d'accord... Je ne peux pas parler, viens là !

— Arrête ! – Elle m'a dit ça sur un ton tranchant. – Tu es fou, non ? Il ne faut pas perdre la tête !

— Pour toi, je n'ai pas de tête.

Elle m'a demandé :

— Tu vas chez Serge ?

Puis elle a déclaré :

— Moi, j'y vais.

— Et alors ?

Et tout à coup elle a recommencé, recommencé à me regarder comme tout à l'heure.

— Je compte jusqu'à trois, Kolia ! – Elle riait, toute amicale.

— Compte jusqu'à zéro !

"Bon, me disais-je, encore un soir, faisons le guignol une fois de plus, jouons encore une fois à la poupée. D'accord ! Comme tu es pitoyable, tu sais pourtant que notre mot de passe, à nous deux, c'est «oui» !"

Nous sommes sortis. Elle m'a pris par le bras. Elle ne disait rien, elle marchait la tête baissée. Moi non plus, je ne disais rien. La neige crissait sous nos pas, et le cognac glougloutait dans mes poches.

A l'angle de la grande rue, nous avons aperçu Stassik. Il se balançait d'avant en arrière et lisait un journal collé à même le mur. A la main il tenait sa petite trousse.

— Tu es allé voir tes malades ?

— Oui, j'ai fait mes visites. – Il évitait mon regard. – J'ai eu une scarlatine, deux catarrhes et un ulcère.

— Tu viens chez Serge ?

— D'accord !

Il a pris l'autre bras de Katia, et nous sommes partis tous les trois. Pendant une bonne minute, nous n'avons pas échangé une parole. Je sentais trembler la main de Katia. Puis Stassik et elle se sont mis à bavarder. Je les écoutais, mais je perdais vraiment tous les fils, et je sentais en moi un vide qui ressemblait à une brûlure, à une ivresse intense.

Katia ressortait son éternelle plaisanterie :

— Stassik, je n'arrive pas à croire que tu sois médecin ! Si j'avais à me faire soigner, c'est pas chez toi que j'irais !

— Oh, mais c'est pas chez moi qu'il faudrait que tu ailles, non plus, c'est chez un psychiatre !

Ça faisait bien la centième fois que je l'entendais répondre la même chose !

Nous sommes arrivés à l'immeuble de Serge. Dans l'escalier, Stassik est passé devant et a pris rapidement un demi-étage d'avance. Katia s'est arrêtée. Elle a passé son bras autour de mon cou et appuyé sa joue contre ma barbe.

— Kolia, m'a-t-elle murmuré, je suis si mal dans ma peau ! Tchoudakov est passé tout à l'heure, et je lui ai donné du linge et de la confiture pour Arik. Tu comprends, je…

Je me taisais. Maudite langue qui ne voulait pas articuler ! J'aurais pu lui dire, pourtant, que toute ma tendresse pour elle, toute la cruauté que je pouvais me permettre, je les mettais à sa disposition ; que tous les coups, j'étais prêt à les recevoir, si seulement c'était possible. Je savais, bien sûr, qu'il allait y avoir deux parts égales, mais qu'elle essaye de me donner la sienne si elle pouvait…

— Je n'ai jamais été si mal, a-t-elle murmuré, je n'imaginais même pas que ça puisse exister.

En haut, la porte s'est ouverte, et on a entendu les voix fortes de Stassik et de Serge ; celle de Harry Bellafonte aussi qui chantait *When do the Saints go Marchin'in*.

Serge nous appelait :

— Katia, Kolia, vous venez ?

Elle se dépêchait d'essuyer ses yeux.

— Viens donc ! lui ai-je dit, je vais faire revenir ta belle humeur.

Elle a souri :

— C'est vrai ?

— Tu entends Bellafonte ? On va s'y mettre tous les deux, tu vas voir ça.

Nous avons grimpé l'escalier quatre à quatre et fait irruption en trombe dans le bel appartement de Serge Iouriévych Orlov, ingénieur en chef adjoint du trust. Sans même enlever mon manteau dans l'entrée, je me suis précipité dans la pièce, et j'ai posé avec fracas mes bouteilles sur la table. J'ai pris l'habitude de me conduire dans cet appartement comme un grossier personnage. Je fais des saletés par terre avec mes bottes ; je m'affale dans un fauteuil, et j'étale mes grandes jambes ; je fais du bruit en me mouchant. Ce soir aussi, j'ai gardé mes bottes et marché avec sur le plancher ciré, ce plancher non standard, réalisé sur commande, j'ai mis le magnétophone à fond et esquissé quelques pas de danse au milieu de la pièce. De gros blocs de neige se détachaient de mes pieds. Stassik ne me prêtait pas la moindre attention. Confortablement installé dans un fauteuil près de la petite table à journaux, il jetait un coup d'œil à la presse. Katia et Serge s'étaient attardés dans le couloir, et je me suis demandé ce qu'ils pouvaient bien faire. Ils étaient très près l'un de l'autre. Serge tenait dans sa main gauche la parka de Katia et demandait d'un air sévère :

— Katia, tu as pleuré ?

— Non. – Elle a hoché la tête. – Pourquoi veux-tu que je pleure ?

Elle avait vu que je la regardais.

Serge s'est tourné vers moi et m'a fixé avec beaucoup d'attention.

J'ai lancé :

— Venez, les amis, on va boire un petit coup !

Ils sont entrés dans la pièce. Serge a vu le cognac :

— Encore du tchétchène-ingouche ? Ma parole, on dirait que l'Extrême-Orient est en train de devenir une succursale de la République tchétchène-ingouche !

— Nos frères de la république ressuscitée ne nous oublient pas* !

Serge est allé chercher des verres et a servi tout le monde. Puis il s'est éclipsé une minute, et on l'a vu réapparaître avec trois bouteilles de Narzan** qu'il a posées sur la table d'un air tout naturel.

— Mon Dieu ! Du Narzan ! s'est écriée Katia. Mais comment tu fais pour te procurer tout ça ?

Il a eu un ricanement :

— Il y a des braves gens sur terre !

C'est vrai, il a aussi des cigarettes de Moscou et on trouve chez lui les livres les plus rares. Il s'est installé un petit coin de civilisation, quoi.

Stassik a bu un verre et s'est entièrement absorbé en lui-même.

— Il descend, a-t-il dit, le voilà qui arrive à l'œsophage.

Il parlait de son cognac.

Serge a demandé à Katia :

— As-tu vu *Mère Jeanne des Anges* ?

— Deux fois, hier et avant-hier.

Il s'est tourné vers moi :

— Et toi ?

— On y est allés ensemble.

* République tchétchène-ingouche : petite république autonome du Caucase, abolie en 1944 pour collaboration avec l'ennemi et rétablie en 1957.

** Narzan : eau minérale du Caucase.

— Ah bon ! Et alors ? Comment elle est, Lucina Vinistka ?

— Sensationnelle. – C'est Katia qui a répondu.

— Il arrive à l'estomac, a remarqué Stassik avec mélancolie.

— C'est vrai, les Polonais n'ont pas d'imbéciles pour les embêter…

— Oui, leur cinéma, en ce moment…

— J'ai vu un film…

— Il y a une séquence…

— Il est absorbé, a déclaré Stassik, absorbé par les parois de l'estomac.

— Tu te souviens des cloches ? On n'entend rien…

— Et la femme qui pleure !…

— C'est plein de trouvailles…

— Le néoréalisme craque sur toutes ses coutures…

— Mais les Italiens…

— Si on pense à *La Dolce Vita*…

— Oh, mon sang, s'est mis à hurler Stassik. Mon sang ! Seigneur, qu'est-ce qui se passe dans mon sang !

On était là, bien tranquilles, on discutait. Nous nous réunissons toujours chez Serge. Ici, tout semblait se prêter à ce genre de conversations, mais depuis quelque temps ces petites réunions se mettent à ressembler à une gymnastique obligatoire pour l'assouplissement de la langue et quelque chose de faux commence à se glisser dans ces bavardages à bâtons rompus. Ce quelque chose de faux qui est dans tous ces meubles, dans ces gravures modernistes accrochées au mur. Et ça, je crois que ce soir-là tout le monde en avait conscience.

Je regardais Katia. Elle riait, elle fumait, mais elle était triste. C'est pas là qu'on aurait dû être, tous les deux ; on aurait dû être dans une station météorologique éloignée de tout, à faire du feu.

— Il ne faudrait peut-être pas que tu fumes comme ça, toi ! lui a dit Serge.

Seule la musique n'avait rien de faux, ces sons métalliques, cette voix aiguë, un peu féminine.

J'ai sauté de mon fauteuil :

— Katioucha ! Katka ! Viens danser !

Elle est accourue en faisant un bruit infernal avec ses bottes.

— Mais comment veux-tu que je danse avec des godillots pareils ? – Elle avait un petit sourire éperdu.

— Une minute ! a dit Serge, et il s'est baissé pour prendre quelque chose sous son divan.

Je dansais, je faisais le fou, et, tout à coup, le voilà qui sort les plus belles chaussures de Katia. Il s'est redressé, les chaussures à la main, et il a regardé la jeune femme. Il avait une façon toute particulière de tenir ces chaussures, et ses yeux fixés sur Katia avaient une expression nouvelle qui m'a étonné, une expression stupidement mélancolique.

Katia lui a adressé un sourire ironique, et elle s'est emparée de ses chaussures.

Pour ce qui est de danser, nous avons dansé. J'ai montré ce que je savais faire.

Stassik frappait dans ses mains et criait :

— Vas-y, le barbu !

Serge aussi frappait dans ses mains, mais lui criait :

— Doucement, Katia ; fais attention !

Je faisais tourner Katia, je la faisais sauter en l'air. Ça m'était facile, j'ai de bons muscles et j'ai le sens du rythme, quant à la rancune, ça me connaît ! Mais notre danse aussi était insensée et fausse, ce n'est pas comme ça qu'il aurait fallu que je danse avec elle.

Quand la musique déchaînée s'est arrêtée, nous nous sommes tous les deux affalés sur le divan. Nous étions là, côte à côte, à souffler comme des cachalots.

Brusquement elle m'a dit à voix basse :

— Bientôt je ne pourrai plus danser ce genre de danses.

— Pourquoi ?

Je sentais qu'il allait arriver quelque chose de terrible.

— Parce que je suis enceinte. J'entame le deuxième mois…

J'ai eu l'impression que j'allais étouffer sur place, que le divan s'était dérobé sous moi, que je restais accroché à une aiguille toute fine et que j'allais lâcher prise d'une seconde à l'autre.

— Tu vois, m'a-t-elle murmuré, il y a tout le reste, et puis il y a ça…

Elle m'a caressé les cheveux, et moi je l'ai prise par la main. Stassik et Serge nous regardaient, mais nous n'y faisions plus attention. Je n'arrivais pas à me sortir de la tête : "Et la vie va passer, comme sont passées les Açores, et la vie va passer*..."

— Alors, sois gai, m'a dit Katia, fais quelque chose pour me mettre de bonne humeur.

— Viens, tu vas voir.

Nous nous sommes remis à danser, mais ce n'était plus la même chose, d'ailleurs la musique n'était plus la même.

A ce moment-là, on a sonné. Serge est allé ouvrir, et il est revenu avec Eddy Tanaka. Celui-ci était entièrement couvert de givre. Sans doute venait-il de loin.

Il nous a dit d'une voix chargée de menaces :

— Ah bon ! Vous dansez ? Allez-y, mais allez-y donc ! Et pendant ce temps-là, tout va vous passer sous le nez.

Depuis qu'il était entré Katia souriait. Moi aussi, j'avais l'impression que ça allait mieux. Il arrive toujours d'un monde à part, sportif et solide, notre Eddy. Il est marrant, c'est un petit trapu bien costaud, avec des yeux marron pleins de chaleur. Son père est Japonais, un bon petit Japonais de chez nous, et lui, il est champion de ski, saut et descente.

Tout à coup il a sorti quelque chose de rond et d'orange de sa poche et hurlé :

— Regardez un peu, les amis !

* Dernier vers d'un poème de Maïakovski du cycle *Vers sur l'Amérique*.

Il tenait l'objet comme une bombe. Il a fait semblant de nous viser, mais il ne l'a pas lancé, il l'a levé au-dessus de sa tête. C'était une orange.

Katia a battu des mains. Stassik est resté comme pétrifié, il en a même oublié de poursuivre ses observations. Serge a fixé l'orange d'un regard qui supputait son prix. Quant à moi, eh bien moi, je ne sais même pas ce que j'ai fait.

— Katia, attrape ! a crié Eddy d'une voix pleine d'enthousiasme, et il lui a lancé l'orange.

— Mais non, voyons ! Mais non, a fait Katia, effrayée, et elle la lui a renvoyée.

Mais Eddy la lui a lancée de nouveau :

— Prends, je te dis !

Katia tournait l'orange entre ses doigts. Elle était soudain devenue radieuse comme un soleil.

— Mange-la ! lui a crié Eddy.

— Oh non ! c'est impossible ! Il faut l'accrocher au plafond et danser autour comme des adorateurs d'idoles !

— Mange, Katia ! a dit Serge. En ce moment, il te faut des vitamines !

Et il l'a regardée.

Qu'est-ce que ça voulait dire ? Il savait, alors ? Qu'est-ce que c'était que cette histoire ? J'ai regardé Katia, mais elle était occupée à faire sauter son orange d'une main dans l'autre et se moquait bien du reste du monde.

Eddy a déclaré :

— Les hommes ! Préparez-vous en vitesse. Nous avons une grande course en perspective. Il y a un bateau qui est arrivé à Taly plein de cette marchandise.

— C'est la dernière histoire japonaise que tu nous racontes là ? a demandé Stassik.

Serge, sans un mot, est passé dans la pièce voisine.

— Les sceptiques n'auront pas d'oranges ! a annoncé Eddy.

Je crois que, là, Stassik a compris que ce n'était pas une blague, car il s'est précipité dans le vestibule. Il a même failli s'étaler sur le parquet. Katia allait le suivre, mais je l'ai attrapée par le bras.

— Toi, tu ne peux pas y aller. C'est pas possible. Comment, tu as déjà oublié ?

Elle a murmuré :

— Tu parles ! Mais si, je peux encore !

La porte s'est ouverte, et Serge a fait son apparition revêtu de son costume de moto. Il portait un pantalon en cuir, une veste en cuir à col de fourrure et un casque, et achevait de boutonner ses longs gants. En d'autres circonstances, j'aurais fait tout un numéro autour de cette statue en cuir.

— On y va en moto, Serge ? a demandé Katia comme une toute petite fille.

— Voyons, mais tu es folle ! a dit la voix de Serge, qui avait l'air de venir de très haut. Toi, tu ne peux pas y aller ! Tu ne comprends donc pas ?

Katia a ôté ses petites chaussures et enfilé ses bottes.

— Bon, d'accord ! a dit Serge, et il m'a fait un clin d'œil. Viens, tu vas m'aider à sortir la moto.

Et il est parti avec son derrière de cuir tout luisant. Eddy a annoncé que Stassik et lui allaient partir ensemble sur sa moto à lui, mais un peu plus tard. En plus, il devait passer aux Chlakobloki, aussi fallait-il qu'on lui garde une place dans la queue.

Katia m'a tiré par la manche :

— Alors, qu'est-ce que tu attends ? Dépêche-toi !

— Viens par là, toi !

Je l'ai prise par la main, et je l'ai entraînée dans le vestibule. Là, je lui ai demandé en la regardant droit dans les yeux :

— Tu es enceinte de qui ? De lui ?

J'ai montré l'escalier.

— Idiot ! s'est-elle écriée, et, d'un geste d'effroi, elle a collé ses paumes contre ses joues. Tu es fou, comment peux-tu imaginer une chose pareille !

— Pourquoi est-il au courant ? Pourquoi avait-il tes chaussures ?

Elle m'a donné un coup sur la joue ; pas avec le plat de la main, avec son petit poing fermé. Un coup maladroit, mais qui m'a fait mal.

Elle murmurait avec fureur :

— Crétin ! Sale type ! Voyou ! Disparais, et que je ne te voie plus !

Elle sanglotait, bien sûr. Eddy a bien essayé de passer la tête, mais Stassik l'a tiré en arrière.

J'étais prêt à m'étrangler de mes propres mains. Je ne me serais jamais cru capable de sentiments pareils. Mon cœur se fendait de pitié, d'un amour si violent que… Je sentais que j'allais fondre sur place, qu'il n'allait plus rester de moi qu'une vilaine petite flaque sentimentale.

— Tu… Tu… Tu n'aimes que faire souffrir… J'étais si contente à cause de ces oranges ; et toi… Avec toi, c'est pas possible… Il n'y aura rien entre nous, et c'est tant mieux… Va-t'en au diable !

Je l'ai embrassée sur le front, ce qui m'a valu un deuxième coup sur la joue, et je suis descendu.

Pauvre imbécile ! J'avais trouvé le moyen de lui parler des chaussures. C'était le soir où l'orchestre de variétés était venu. Moi, j'avais fait du plat à la chanteuse, elle, elle était allée danser chez Serge. Pauvre crétin, comment avais-je pu penser une chose pareille !

Quand je suis arrivé dans la cour, Serge avait déjà sorti sa moto et se tenait à côté, immobile, énorme et silencieux comme la statue du Commandeur.

III

HERMAN KOVALEV

Le carré était encombré de sacs de pommes de terre que nous n'avions pas encore eu le temps de descendre dans la cale. Nous étions assis dessus, et nous mangions du goulash. Le grand-père racontait l'aventure du *107* qui, dans le golfe d'Olioutorka, faisant bande à part, avait pêché plus de harengs que tous les autres, mais s'était échoué sur des récifs. Nous, on essayait de lui faire perdre pied, et on riait.

— Et c'était quand, ça ? a demandé le bosco en se grattant la nuque.

— En cinquante-huit, je crois, a dit Boris.

— C'est bien ça, en cinquante-huit. Ou peut-être en cinquante-neuf ?

— C'était l'année où il y a eu un arrivage de pastèques à Sévéro-Kourilsk, a remarqué le maître d'équipage.

— Alors, c'était en cinquante-huit, a dit Ivan.

— Non, les pastèques c'était en cinquante-neuf.

— Je me souviens que j'en ai mangé deux tout de suite, et que j'en ai gardé deux pour le lendemain, deux belles, a fait Boris, rêveur.

— Des pastèques le matin, c'est bon, ça purge ! a ironisé le maître d'équipage.

— Eh bien, moi, camarades, je ne sais pas si vous allez me croire, mais j'en ai descendu huit ce jour-là ! – Et Ivan a écarquillé les yeux sans la moindre trace de remords.

Le bosco a donné un coup à la lampe qui s'est mise à osciller. On fait toujours ça chez nous quand quelqu'un commence à raconter des histoires.

Ivan, bouche ouverte et boucles en bataille, a projeté au mur une ombre dansante et irrésistible.

— Tu devrais avoir honte, Ivan ! a remarqué le mécanicien-chef. Tout le monde sait que chacun n'avait droit qu'à quatre pastèques.

— Vous ne savez pas tout, grand-père ! C'est pas la peine de rigoler ! a grogné Ivan, vexé. Si ça vous intéresse, c'est Zina qui m'en a passé quatre autres par l'entrée de service.

Boris continuait à rêver :

— Oui, c'était pas mauvais ! Elles étaient bien sucrées, ces pastèques.

— Est-ce qu'on peut appeler ça des pastèques ! s'est écrié le bosco. Vous ne savez pas ce que c'est que des vraies pastèques, jeunes gens. Chez nous, à Saratov, là on mange des vraies pastèques !

— C'est en cinquante-neuf que le *107* a fait naufrage, ai-je dit.

Tous les regards se sont braqués sur moi. Ils se demandaient de quoi je parlais. Puis le point de départ de notre discussion leur est revenu.

— Pourquoi en es-tu si sûr, Herri ? m'a demandé le bosco.

— Ça s'est passé l'année où je suis arrivé parmi vous.

Oui, c'était l'année où j'avais échoué au concours d'entrée au collège technique d'aviation. Sans même qu'il me vienne à l'idée que je pouvais rentrer à la maison et me faire consoler par ma tante, j'avais marché droit devant moi par la ville torride, et sur les murs de l'énorme et vieille bâtisse qu'on appelle chez nous l'Hippopotame j'avais découvert une affiche annonçant un recrutement d'ouvriers. C'était l'année où je m'étais assis sur l'herbe grise et rêche au pied du mur de notre Kremlin et où j'avais compris que je n'allais pas revoir Kazan de si tôt, que les gars et les filles n'avaient plus à compter sur moi et que j'allais peut-être connaître des mers autrement terribles que celle de Kouïbychev*. Devant moi, de l'autre côté du fleuve, c'était notre quartier, le quartier de Kirov, et là-bas, non loin des grands immeubles, ma rue envahie par le plantain, le petit portique dans la cour, le jardinet de ma tante et l'éternel ronchonnement de cette dernière : "Il y a longtemps que notre jardin périclite, il est piétiné, abandonné, vide ; il n'y a plus que la capucine qui flamboie de ses dernières fleurs." Je me revoyais près de la vieille palissade écaillée qui, je ne sais trop pourquoi, éveillait parfois en moi un flot de souvenirs imprécis. La voix coupée par l'émotion, je lisais à Lili ma traduction de vers du manuel d'allemand : "A l'heure

* Mer artificielle sur la Volga.

tranquille, quand le soleil danse sur les vagues, je pense à toi. Quand la lumière, au clair de lune, se joue dans l'eau…" Rougissante, Lili m'avait demandé : "C'est de moi qu'il s'agit ?" Je l'avais détrompée : "Mais non, voyons ; ce n'est qu'une traduction !", et elle s'était moquée de moi : "Fadaises passées de mode !"

C'était l'année où j'avais vu la mer pour la première fois, la mer si vraie, si verte et qui sentait la neige, et où j'avais compris que mon plus cher désir était de lui consacrer ma vie. La Racine, qui était encore marin sur le *Sud*, m'avait glissé un hareng dans le dos. La nuit, sur le faux-pont, je lui avais envoyé un coup de poing au creux de l'estomac, et il m'avait presque laissé sur le carreau. C'était l'année où on nous avait envoyé Vladimir Sakounenko, qui est encore notre capitaine. Il n'y était pas allé par quatre chemins avec la Racine ; ce dernier avait bien essayé de l'avoir au souffle, et il avait plus d'une fois sorti son couteau ; mais, dès la fin de la première campagne de pêche, il s'était trouvé exclu de l'équipage. C'était l'année où, tout seul dans mon coin, j'avais pleuré de fatigue et de honte à cause de mon inexpérience. C'était l'année où, sur le *Sud*, on avait fini par constituer une excellente équipe. Les pastèques, c'était par conséquent en cinquante-huit parce que moi, je ne me souvenais pas d'avoir vu de pastèques à Sévéro-Kourilsk.

Tout à coup on a entendu des pas sur le pont. C'était l'homme de quart. Il nous a annoncé qu'on venait de livrer la farine et la viande et que le capitaine nous faisait dire qu'il allait à la direction chercher des films.

— Ivan, Boris et Herri, terminez votre repas et allez vous occuper de la marchandise. Les autres, continuez votre travail ! a dit le bosco.

— Zut, à la fin ! a maugréé le maître d'équipage. On embarque demain, oui ou non ?

— Comment veux-tu que je le sache ? a grogné le bosco. Tu les connais aussi bien que moi.

En effet, la vérification du navire était terminée depuis une semaine, le lendemain nous devions prendre la mer, et on ne nous avait toujours pas fait savoir si nous partions pêcher le mintaï au large de Primorié, le hareng à Olioutorka ou la saïra au large de Chikotan.

Ivan, Boris et moi, nous sommes allés sur le pont, et nous avons commencé à descendre les sacs de farine et les moutons. Moi, j'essayais de ne porter que des sacs de farine. Non, je n'avais pas peur de me salir, mais je suis toujours un peu mal à l'aise devant ces grands corps rouges striés de nerfs blancs, ces corps congelés et durs. Je ne peux m'empêcher de penser qu'un jour ils ont été frisés et tout chauds.

Le soleil s'est caché, et les sommets arrondis des montagnes se sont dessinés plus nettement sur le ciel rose. Dans les rues de Pétrovo, des lumières s'allumaient déjà. Au-delà du brise-lames, les ténèbres s'épaississaient très rapidement, mais on distinguait encore la route du port tracée par les remorqueurs ainsi que de gros blocs de glace qui ressemblaient à de curieux motifs peints sur de la faïence. Bientôt, nous aussi, nous devions prendre cette route, et, de nouveau, ça allait être cinq mois de tangage, de bains glacés quotidiens, de sommeil lourd dans le faux-pont, cinq mois à penser à elle. Dire que je ne l'avais même pas vue pendant cette semaine. Je me disais que j'allais lui envoyer une dernière lettre et y joindre les vers que je venais de composer :

Le soleil qui devrait se coucher,
Ne peut, ce soir, se décider
A quitter son reflet dans la lune.
Moi aussi, je suis triste à pleurer
Quand je suis obligé de quitter
Ton regard empli de mélancolie.

La veille, j'avais lu ces vers à la chambrée et les copains avaient été très émus. Ivan avait ouvert une boîte de compote et m'avait dit : “Mange, poète ! Le talent, ça a besoin de vitamines !”

Savoir ce qu'elle va me répondre ! Elle ne m'avait envoyé qu'une seule lettre en réponse à toutes les miennes : “Cher Herri, Excusez-moi de ne pas vous avoir répondu plus tôt, j'étais très occupée. Chez nous, aux Chlakobloki, tout va très bien, nous venons d'achever tout un complexe d'habitations. Nous allons bien, et nous consacrons beaucoup de notre énergie aux activités artistiques de notre club…” Et ça continuait comme ça. Pas la moindre allusion à mes vers, pas de réponse à ma question.

Elle adore la danse. Un jour, je l'ai vue danser, drapée dans le tintement de son collier et comme ayant perdu la notion des choses. C'est ainsi qu'elle danse devant moi toutes les nuits quand je suis en mer, elle tourne sur elle-même en faisant entendre ce tintement tandis que ses petits pieds chaussés de maroquin glissent d'un mouvement à peine perceptible. Quant à ses yeux, ils ne sont pas le moins du monde mélancoliques. C'est moi qui aimerais qu'ils le soient ! Ils sont distraits et parfois un peu étranges, presque fous.

— Hé ! Herri ! Attrape ! m'a crié Ivan en m'envoyant un mouton.

Un peu plus, je le manquais ! Il était froid et gluant. Quelque part au large, au-delà de la banquise, mugissait la pleine mer.

Une petite barque verte à moteur a tourné le coin du hangar et s'est dirigée droit sur nous. Qui pouvait bien nous faire l'honneur d'une visite ? N'était-ce pas l'inspecteur, par hasard ? Nous avons continué notre travail en faisant mine de ne prêter aucune attention au canot. Ce dernier s'est arrêté près de notre bateau. Un jeune homme portant une petite sacoche de cuir en bandoulière et une jeune femme en pelisse et en pantalon en sont descendus et ont grimpé à bord.

— Salut ! a dit le garçon.

— Bonjour !

Nous nous sommes appuyés au bastingage, et nous avons allumé une cigarette.

— C'est donc ça, le célèbre *Sud* ? a dit la femme.

C'étaient des journalistes, bien sûr ! Ils ne nous oublient pas, ceux-là. Nous sommes habitués à ce genre de monde. C'est marrant, quand on tire les filets, quand la mer nous arrose de la tête aux pieds et que la neige et autres saletés nous cinglent le visage, on ne pense à rien, ou bien on se dit qu'on va bientôt pouvoir se changer, prendre un café, et au lit ! Or, il paraît qu'à ces moments-là on connaît une "exaltation au travail exceptionnelle", etc., etc. Dans n'importe quel port, on est sûr de rencontrer un correspondant de presse. Qu'est-ce qu'ils viennent faire là ? Je n'arrive pas à comprendre. Comme s'il fallait venir voir pour parler d'exaltation au travail. Un écrivain, c'est autre chose. Un écrivain, ça a besoin de toutes sortes de détails drôles. A une époque, ils avaient pris l'habitude de venir nous rendre visite dans la flotte septentrionale. Les marins riaient, disant que sur chaque bateau il allait bientôt falloir aménager une cabine spéciale pour l'écrivain. Pourquoi étaient-ils attirés par le poisson ? Je me le demande encore ! Nous en avions eu un, nous aussi, à bord, un écrivain de Moscou, pendant un mois. La première semaine il était resté dans sa cabine à vomir. Après, ça lui avait passé ; il était venu s'installer avec nous dans le faux-pont et avait essayé de se rendre utile. C'était pas un mauvais gars, et nous nous étions rapidement habitués à lui. Il n'y avait qu'une chose qui ne nous plaisait pas : il avait toujours le crayon à la main. C'est Ivan, surtout, que ça mettait hors de lui. Un jour il avait demandé à l'écrivain de ne plus prendre de notes et de bien vouloir retenir ses observations. Mais l'autre avait répondu que, quoi qu'il arrive, il continuerait de noter, quoi qu'Ivan lui fasse, même s'il le passait à tabac ; il était écrivain, et il prendrait des notes envers et contre tout. Il avait bien fallu qu'Ivan s'incline !

Bientôt, nous avions complètement oublié qu'il était écrivain. En effet, il se levait en même temps que nous et se couchait de même, il prenait le quart… A son arrivée à bord, j'avais cessé de lire mes vers aux copains : j'étais un peu intimidé, c'était tout de même un professionnel ! Puis j'avais recommencé : j'avais oublié qu'il était écrivain et, à vrai dire, je n'arrivais plus à croire qu'il en fût un véritablement. Et lui s'était mis à me dire comme tous les autres : “Salut, Herri !”, “Tu as du talent !”, “Mange de la compote !”, etc. Mais un jour, comme je récitais des vers, j'avais remarqué qu'il souriait et portait sa main à la racine de son nez.

Le soir, alors que selon son habitude il était assis sur le gaillard arrière, tout recroquevillé et ses yeux froids comme du verre fixés sur un point imprécis de l'horizon, je m'étais approché et je lui avais demandé :

— Dis-moi, ce que j'écris, ça ne vaut rien, n'est-ce pas ?

Il avait poussé un soupir et s'était tourné vers moi.

— Assieds-toi, m'avait-il dit. Tu veux que je te récite des vers de poètes véritables ?

Et il s'était mis à réciter. Il avait récité longtemps. Il commençait par annoncer avec beaucoup de sérieux le nom du poète, comme s'il avait été sur une scène, après quoi il déclamait. Selon toute apparence, il avait oublié que j'étais là. Ses vers me glaçaient, tout se mélangeait dans ma tête.

J'étais très gaie, je trouvais la vie belle,
Tu vins vers moi, tout de neige habillé,
Et tout à coup le doux vent vert du chypre
Fit s'envoler l'écharpe dans ton dos.*

Non, je ne pourrai jamais écrire comme ça. Je ne comprends même pas ce que c'est que "le vent vert du chypre". Le vent vert, ça n'existe pas, et le chypre, ça n'a pas de vent. Peut-être ne peut-on écrire des vers que quand on commence à croire à l'impossible, quand tout vous paraît simple et qu'en même temps chaque objet est une énigme, même la plus modeste boîte d'allumettes. Ou alors en rêve ? Quelquefois, en rêve, il m'arrive de composer des poésies bizarres.

— En tout cas, tu as raison, m'avait-il dit pour finir, tu as raison d'écrire et de lire tes vers à tes camarades sans fausse modestie, ça leur est utile.

En partant, il m'a laissé son adresse et m'a dit que, quand je serai de passage à Moscou, je pourrai toujours sonner à sa porte, avec ou sans bouteille de vodka, que je pourrai rester aussi longtemps que bon me semblera, et qu'il me fera connaître de véritables poètes. Il nous a aussi promis, à tous, de nous envoyer son livre, mais pour le moment nous n'avons encore rien reçu.

Nous sommes descendus dans le faux-pont avec les correspondants de presse. Le jeune homme a

* Vers de Bella Akhmadoulina, poétesse russe contemporaine très célèbre à l'époque soviétique.

posé sa sacoche sur la table, et il l'a ouverte. Elle contenait un magnétophone portatif Le Reporteur.

— Nous sommes de la radio centrale, nous a-t-il expliqué.

— Vous venez de loin, alors ! a dit Ivan, compatissant.

— Vous êtes à six là-dedans ? C'est pas possible ! s'est étonnée la femme. Mais comment faites-vous ?

— On s'arrange ! a expliqué Boris, nous aussi, on est en quelque sorte portatifs.

La femme s'est mise à rire et a commencé à sortir son crayon, comme si Boris venait de lui servir une plaisanterie particulièrement fine. Notre écrivain, lui, n'aurait pas pris la peine de noter ça !

Elle s'agitait beaucoup, visiblement elle voulait se gagner nos bonnes grâces. Mais nous, nous étions mal à l'aise. Nous le sommes toujours quand, dans le faux-pont où nous sommes si frottés les uns aux autres, pénètrent des gens de l'extérieur, étonnamment étrangers. C'est pour ça qu'Ivan arborait un sourire ironique, que Victor lâchait plaisanterie sur plaisanterie, et que moi, je restais assis sans desserrer les dents.

— Bon, passons aux choses sérieuses ! a dit le correspondant de presse, et, mettant son magnétophone en marche, il a levé un minuscule micro. Camarades, racontez-nous votre dernière campagne de pêche au cours de laquelle vous avez réalisé de si belles performances. Voulez-vous commencer ? – Il s'adressait à Ivan.

Ivan s'est éclairci la voix :

— On a rencontré pas mal de difficultés, bien sûr. – Sa voix était anormalement aiguë.

— Mais les difficultés ne nous font pas peur ! a ajouté Boris d'un petit ton crâneur.

La femme l'a regardé, étonnée. Nous nous sommes tous regardés, étonnés nous aussi.

— Peut-on avoir quelques détails ? a demandé la femme d'une voix de radio toute guillerette.

Ivan et Boris ont commencé à me pousser du coude : Vas-y, avaient-ils l'air de dire, raconte !

Je me suis lancé :

— La tempête grondait, la pluie gémissait ; bref, effectivement, le temps était à la tempête. Nous... on... eh bien, on pêchait... et c'est...

— C'est bon ! a dit le jeune homme. Ce n'est pas la peine de gâcher de la bande. Vous ne voulez pas parler ?

Nous n'étions pas très fiers de nous. Nous nous conduisions comme des malpropres. C'est vrai, ces gens étaient venus de loin pour nous voir dans leur petite barque à moteur ; ils étaient sans doute gelés jusqu'à la moelle, et nous, on ne pouvait rien se tirer du ventre. Mais, sérieusement, que pouvions-nous raconter ? La façon dont on met les filets à l'eau ; dont on allume une lumière rouge ; dont après il faut tirer le grelin, et, comme on ne peut pas faire marcher le cabestan, il faut tout faire à la main, et à travers les moufles le câble nous brûle les doigts ; puis on allume une lumière bleue, et le poisson commence à se débattre et à éclabousser, cependant qu'à l'horizon le ciel sombre est traversé par une bande jaune et froide que coupe de temps à autre la silhouette bizarre de quelque jonque japonaise, et qu'au-delà de cette bande, c'est l'océan sans fin avec, en plein milieu, les îles Hawaï, et encore plus loin vers le sud des champignons d'explosions sous-marines… C'est ça qu'ils voulaient qu'on leur raconte ? Mais ça, ça ne se raconte pas ! Il faudrait un autre magnétophone, une bande comme il n'en existe pas encore.

— Vous feriez mieux d'attendre que le capitaine revienne, a suggéré Ivan, lui, il sait tout, il a tous les chiffres.

— Bon, c'est ce qu'on va faire, a décidé le correspondant.

— Mais vous, camarades, s'est exclamée la femme, vous pouvez bien nous raconter quelque chose sur votre vie ! Comme ça, tout simplement, pas pour la radio. C'est si passionnant ! C'est tout de même la moitié d'une année que vous passez en mer…

— Nous, c'est tout simple, a dit Boris avec un ricanement, du poisson pour le pays, de l'argent pour la femme, et le nez dans la tempête !

— Magnifique ! s'est écriée la femme, vous permettez que je note ça ?

— Pourquoi ? vous êtes écrivain ? a demandé Ivan, soupçonneux.

La femme a rougi.

— Oui, elle est écrivain, a dit le correspondant d'un air sombre.

— Taisez-vous ! lui a-t-elle répondu, fâchée.

Brusquement elle a pris un air sévère et s'est adressée à nous :

— Ecoutez, camarades ! On nous a dit qu'il y avait parmi vous un poète ?

Toutes les préventions d'Ivan et de Boris se sont envolées.

— C'est exact, ont-ils répondu d'un air de triomphe, il y en a un !

Bientôt tout le monde savait que le poète, c'était moi. Le jeune homme a remis son magnétophone en marche et m'a fourré le micro sous le nez :

— Récitez-nous quelque chose de votre composition !

J'ai récité en y mettant tout mon cœur :

J'aime tout au long des jours tempêtes et bourrasques,
J'aime tout ce qui gronde et tout ce qui bouillonne,
La vie n'est pas pour moi un havre plein de grâces,
Elle est et pour toujours un vaste tourbillon...

Je m'étais dit que cette poésie convenait mieux que toute autre pour la radio. Tempêtes, bourrasques, tout ça, ça fait partie du romantisme de la vie en mer.

Pendant que je récitais, Ivan et Boris me regardaient bouche bée ; la femme aussi avait la bouche ouverte ; quant au jeune correspondant de presse, il avait soudain baissé la tête, et j'avais surpris le même sourire que celui de mon ami écrivain et le même geste : les doigts caressant les ailes du nez.

La femme a demandé aux gars de l'équipage :

— Vous aimez la poésie de votre camarade ?

— Je comprends qu'on l'aime ! a répondu Boris.

— Notre Herri est un garçon de talent, a ajouté Ivan en m'adressant un sourire, et il est rapide : au travail, comme ça, il n'a l'air de rien, n'est-ce pas, et tout à coup voilà qu'il a composé un poème !...

— Excellent texte ! a dit le correspondant de presse à la femme, je l'ai enregistré. C'est parfait !

— Vous pensez que ça passera ? lui a-t-elle demandé.

— Je pense bien, c'est exactement ce qu'il faut.

A ce moment-là, on a entendu du bruit sur le pont.

— Le capitaine est revenu, a remarqué Boris.

Les correspondants de presse ont ramassé leur bataclan, et ils sont montés. Nous les avons suivis.

Volodia Sakounenko, notre capitaine, les papiers du navire sous le bras, discutait avec le bosco. Comme nous allions l'aborder, le maître d'équipage s'est approché de lui. Il était épuisé par tous ces préparatifs et semblait avoir perdu un nombre assez appréciable de kilos. Les correspondants ont salué le capitaine, et au même moment le maître d'équipage a annoncé :

— Que tu le veuilles ou non, Vassilitch, j'ai terminé mon travail, maintenant je vais aller m'employer à siffler un peu de carburant !

Notre capitaine a rougi, et, discrètement, il a menacé le maître d'équipage du poing.

La femme voulait tout savoir :

— Qu'est-ce que ça veut dire, "siffler du carburant" ? a-t-elle demandé.

Nous avons failli nous étrangler, mais, débrouillard, le bosco lui a expliqué :

— C'est un terme spécial, madame. Il s'agit d'une vérification des moteurs, d'une espèce de décarburisation, pourrait-on dire…

La femme a hoché la tête, faisant mine de suivre l'explication ; le jeune correspondant, lui, d'un geste bien senti, a fait claquer ses doigts derrière son oreille droite* et, par un clin d'œil au bosco, il lui a fait comprendre qu'il n'était pas dupe.

Notre capitaine devenait de plus en plus rouge. Je ne sais pas pourquoi, il a ôté son bonnet, laissant ses cheveux au vent, puis, se reprenant, il l'a remis.

— Capitaine, je vous prie, lui a demandé la femme, c'est demain que vous prenez la mer ?

— Oui, mais nous ne savons pas encore où nous allons.

— Et pourquoi cela ?

— Oh ! Vous comprenez, notre direction n'est pas très ponctuelle, elle n'a pas des principes bien établis… Ou, si vous préférez… elle n'est pas actuelle… a bredouillé Volodia. Il avait l'air d'avoir terriblement chaud.

— Bon, nous, on s'en va, Vassilitch ! lui avons-nous annoncé, on va faire un tour.

Nous nous sommes changés, et nous sommes descendus à terre. A Pétrovo, notre Marseille du jour, sans même nous concerter, nous avons pris la direction de la poste. Les gars savaient que j'attendais

* Geste très courant qui signifie "boire un coup".

une lettre de Lucia. Les gars savent tout de moi, et moi aussi, je sais tout sur chacun d'entre eux. C'est le métier qui veut ça.

La rue principale de la ville était très animée. Les magasins projetaient de la lumière sur les planches gelées et glissantes du trottoir. Notre maître d'équipage était déjà installé à la crêperie *La Falaise*, entouré de marins à quai. La Racine n'était pas là. Près du club, nous avons rencontré les gars du *Nord* qui se dépêchaient d'aller rejoindre leur bâtiment, ancré bord à bord avec le nôtre.

A la poste, je n'ai pas pu détacher mon regard de Lydia Nicolaévna pendant qu'elle cherchait dans le tiroir poste restante. Je tremblais d'émotion. Ivan et Boris me jetaient des regards par en dessous ; ils étaient émus, eux aussi.

— La lettre que vous attendez n'est pas encore écrite ! a lancé Lydia Nicolaévna.

Nous sommes ressortis.

— Ne prends pas ça au tragique ! m'a dit Ivan, laisse plutôt tomber !

Il me restait une possibilité, bien sûr. Je pouvais encore avoir un autobus pour Phosphatogorsk, puis faire du stop jusqu'aux Chlakobloki, et là, tout tirer au clair, mettre les points sur les *i*. Mais je n'allais pas faire ça. Mon orgueil de mâle s'y refusait. Et puis je ne tenais pas à mettre les points sur les *i*, car le lendemain je partais en mer, et pour longtemps. Tant pis, qu'elle reste ça pour moi : la danseuse au collier. Après tout, c'était peut-être effectivement son activité au club qui ne lui laissait pas le temps de m'écrire.

Je marchais sur le trottoir de planches, le col de ma veste en cuir relevé, le bonnet enfoncé jusqu'aux yeux. Je marchais les dents serrées. A mes côtés, réglant leur pas sur le mien, venaient Ivan et Boris, eux aussi col relevé et bonnet sur les yeux. Et nous allions, libres, silencieux.

A l'angle d'une rue, j'ai aperçu la Racine. Sa silhouette dégingandée projetait dans plusieurs directions des ombres dansantes. Le voir était à ce moment-là ce qui pouvait me faire le moins plaisir. Je savais qu'il allait s'approcher et me demander en grinçant des dents : "Tu m'en veux toujours, vieux ?" C'est ainsi qu'il m'avait abordé en automne, à la soirée du marin, à Taly ; la soirée où j'avais fait la connaissance de Lucia. C'était la première fois que je le rencontrais depuis que Volodia Sakounenko l'avait exclu de l'équipage du *Sud*. Je pensais qu'il allait me chercher querelle, mais il était ce soir-là étonnamment propret : cravate et chaussures basses, et il n'avait pas bu. Il m'avait emmené à l'écart et m'avait seulement demandé : "As-tu une dent contre moi, vieux ?" J'ai un fichu caractère : il suffit que quelqu'un me parle sur un ton un peu aimable, et ça y est, j'abandonne toute rancune. C'est ce qui s'était passé ce soir-là. Tout à coup, j'avais eu pitié de la Racine, sans savoir pourquoi, et toute la soirée nous avions échangé des politesses, comme si cette histoire de hareng n'avait jamais existé, comme si je ne lui étais jamais rentré dans le chou ! Nous ne nous étions même pas accrochés au sujet de Lucia, nous lui faisions pourtant, l'un et l'autre, une cour pressante. Je crois même que nous avions ressenti une certaine sympathie l'un pour l'autre quand elle avait quitté la salle au bras de Victor Koltyga, un jeune foreur dynamique et séduisant.

— En d'autres circonstances, je lui aurais fait une grosse tête, à ce Victor ! avait dit la Racine, mais aujourd'hui je m'abstiendrai, je ne suis pas d'humeur. Viens donc, Herri, compagnon de misère, je connais deux belles filles dans le coin.

Je n'avais pas bien compris ce qu'il me disait, mais je l'avais suivi. Et le lendemain matin, en regagnant mon bateau, j'avais le sentiment de m'être roulé dans de la boue.

Depuis, nos rencontres étaient devenues sans histoires, mais j'essayais de me tenir à distance, cette nuit ne me sortait pas de la tête. Quant à lui, il était de nouveau dépenaillé et constamment ivre, et, chaque fois qu'il me voyait, il me demandait en grinçant des dents : "Herri, tu m'en veux, hein ?" Tout s'était sans doute mélangé dans sa pauvre tête.

En nous apercevant, la Racine a vacillé sur ses jambes, puis il a fait vers nous un pas mal assuré.

— Salut, matelots ! a-t-il fini par articuler d'une voix grinçante. Herri, tu as une dent contre moi ? hein ?

— Laisse-nous, la Racine, laisse-nous ! lui a dit Ivan.

Mais la Racine s'est frotté le mufle avec sa mitaine et nous a regardés tout à coup avec une lucidité à laquelle on ne s'attendait pas.

— Et Lucia, tu la vois ? m'a-t-il demandé.

— Laisse-nous, la Racine, passe ton chemin ! lui a conseillé Boris.

— Je le passe, matelots, je le passe ! Et il me mène droit à des récifs, mon chemin ! Plein cap sur des récifs !

Nous sommes repartis en silence et d'un pas ferme. Nous savions parfaitement où nous conduisaient nos pas. Je pense d'ailleurs que chacun sait ce qui lui reste à faire quand la femme qu'on aime ne vous écrit pas.

De l'autre côté de la rue, nous avons aperçu notre capitaine avec la femme correspondant de presse. On avait l'impression que depuis tout à l'heure son visage n'avait pas réussi à reprendre sa couleur normale : il était rouge comme une écrevisse et marchait en regardant obstinément droit devant lui.

— Dites, capitaine, qu'est-ce que c'est des marins à quai ? a demandé la femme.

— Les marins à quai, c'est... C'est comme... C'est comme qui dirait des propres à rien de la marine, voilà ce que c'est, a bougonné le capitaine.

— Oh ! Comme c'est intéressant !...

Elle faisait une étude de mœurs, vous comprenez. Mais lui, Volodia, notre capitaine, il était au supplice.

A la Falaise, nous avons choisi une bonne table, et nous avons commandé du cognac tchétchène-ingouche accompagné de zakouskis.

— N'y pense plus, Herri ! a dit Ivan, ça vaut pas le coup !

J'ai eu un geste de lassitude, et à ce moment-là j'ai rencontré le regard compatissant de Boris. Les copains prenaient part à ma peine, de tout leur cœur, et ça me faisait plaisir. C'est curieux, quelquefois je me surprends à trouver agréable que tous sur le bateau connaissent la blessure de mon cœur. Je suis sans doute un peu médiocre sur les bords.

L'orchestre s'est mis à jouer *Caramba, signor*…

— On ne sait jamais, on suivra peut-être le littoral. Dans ce cas, on s'arrêtera à Vladivostok. Et tu sais, Ivan, là-bas il y a de ces filles ! a dit Boris, le regard fixé sur moi.

Le jeune correspondant est entré dans la salle. Il a jeté un regard circulaire, et, mettant ses mains dans ses poches, il est venu vers nous. Dans sa poche droite, il avait quelque chose de gros et de rond qui ressemblait à une bombe.

— N'y pense plus, Herri ! a répété Ivan d'un ton suppliant, ça me fait mal au cœur de te voir dans cet état !

— Vous n'auriez pas une petite place pour moi ? nous a demandé le correspondant.

Ivan lui a approché une chaise.

— Ecoute, camarade correspondant, dis voir à ce jeune imbécile quels genres de filles il y a en ce vaste monde ! Parle-lui un peu de Brigitte Bardot.

— Allons bon ! a fait le jeune homme, c'est le cognac ?

— C'est vrai, ça me rend malade de le voir dans cet état ! a repris Ivan d'une voix gémissante. Tu es un imbécile ; Herri, tu sais bien pourtant qu'il y a plus de femmes que d'hommes. C'est à nous de choisir, pas à elles. C'est vrai, ce que je dis, non ?

— C'est parfaitement exact, a confirmé le correspondant. Le recensement l'a montré.

— Tu vois que j'ai raison ! Je te le prouve chiffres en main, pauvre crétin…

— Pour un poète, un chiffre, c'est zéro, a dit le correspondant de presse en m'adressant un sourire. Les gars, passez-moi un couteau !

Boris lui en a tendu un, et le voilà qui sort la bombe de sa poche. C'était une orange.

— Grands dieux ! s'est écrié Boris.

Le jeune homme s'est amusé à la faire tourner, et elle a roulé sur la table, sur la nappe, entre les taches de salade de légumes, puis elle a renversé un petit verre d'alcool, et, se heurtant à une assiette qui contenait une côtelette d'agneau, elle s'est immobilisée, lumineuse comme un petit soleil.

— Qu'est-ce que c'est que ça ? Ce ne serait pas un petit cadeau du continent, par hasard ? a demandé Ivan, prudent.

— Mais non ! Vous savez bien que nous sommes venus sur le *Kildin*, pas jusqu'ici, bien sûr, jusqu'à Taly.

— Et le *Kildin*, lui, venait directement de l'île Fidji ? C'est bien ça ?

— Il arrivait droit du Maroc, sans escale ! – Et le jeune correspondant s'est mis à rire. – Mais voyons les gars, vous débarquez ! Le *Kildin* est arrivé chargé à plein de cette excellente denrée. Si vous saviez comme je m'en suis gavé !

— Hep ! Jeune fille ! Qu'est-ce qu'on vous doit ? a hurlé Ivan.

De la Falaise à l'embarcadère, ce fut un véritable sprint. Une fois sur le bateau, nous avons sonné le branle-bas. Les marins, pris de panique, arrachaient leurs combinaisons et enfilaient des vêtements de ville. Quelques minutes plus tard, l'équipage au grand complet était sur le pont. Dimmohammed, qui était de quart, maudissait son triste sort. Boris lui a dit d'ouvrir l'œil, d'être vigilant, et qu'alors nous penserions à lui. Apprenant la raison de notre agitation, les gars du *Nord* se sont mis à hurler comme des possédés. Eux, il fallait qu'ils attendent une livraison de sel et qu'ils briquent leur navire en vue d'une inspection. Mais nous avons promis de leur garder une place dans la queue.

A la sortie de la ville, près du passage à niveau, il a fallu commencer à faire du stop. Ça se présentait mal ; tous les camions qui passaient étaient bourrés. Partout on était au courant, même à Pétrovo.

Enfin on a vu arriver un MAZ* avec une remorque qui portait d'énormes poutres venant du continent. Le camion allait à Phosphatogorsk. Nous avons sauté dessus comme des bandits.

Je me cramponnais à une barre de fer ; Ivan et Boris étaient tout près de moi. La remorque était affreusement cahotée et quelquefois déportée sur le côté. A ces moments-là, nous nous balancions

* MAZ : camion fabriqué à l'usine de Minsk.

comme des grappes au-dessus de l'abîme. Mes doigts étaient engourdis par le froid, et par moments j'avais l'impression que j'allais lâcher prise.

A Phosphatogorsk, nous avons trouvé un camion découvert. Les montagnes défilaient, éclairées par la lune et couvertes de forêts clairsemées. Elles étaient bizarres, ces montagnes, et les arbres les recouvraient de manières si diverses que toutes sortes d'images poétiques affluaient à mon imagination. Tiens, il y en avait une, là, qui ressemblait à un roi en cape d'hermine ; cette autre, toute ronde, avait l'air d'une tête, rasée aux tempes et à la nuque… Quelquefois, dans les cuvettes, au milieu des ténèbres bleues et épaisses, on voyait briller quelques lumières perdues. Qui pouvait bien vivre si loin de tout ? Je contemplais ces lumières, et brusquement j'ai eu envie d'abandonner mon cher métier, de cesser de naviguer, de me faire foreur, par exemple, et de vivre dans une hutte comme celles-ci avec Lucia Kravtchenko. Elle aurait cessé de me traiter en petit garçon. Elle aurait réalisé que j'étais plus vieux qu'elle, elle me comprendrait. Je lui lirais mes vers, et elle comprendrait ce que je n'arrive pas à leur faire dire. Et toujours elle me comprendrait à demi-mot, et même sans mot du tout, parce que les mots sont pauvres et qu'ils n'expriment pas grand-chose. Ça existe peut-être, les mots qui expriment tout avec précision, mais pour ma part, j'en doute.

Le camion nous a laissés à l'embranchement de la route du sovkhoz d'élevage, et, de nouveau, il a fallu faire des signes. Mais les camions passaient sans s'arrêter, et on nous criait :

— On regrette, les gars, mais on est plein à craquer !

Et les feux arrière s'éloignaient. Mais d'en haut, des montagnes, d'autres phares descendaient vers nous, et nous attendions. L'orange que j'avais vue rouler sur la table m'avait redonné de l'espoir. Pour aller à Taly, il fallait passer par les Chlakobloki. Nous nous y arrêterions peut-être, et j'irais peut-être la voir ; si mon orgueil de mâle le permettait, bien sûr, on ne sait jamais après tout.

IV

LUCIA KRAVTCHENKO

La soirée s'annonçait vide. La réunion de la commission culturelle avait été repoussée, et la répétition ne devait avoir lieu que le lendemain.

— Les filles, l'eau est chaude ! a annoncé I. R., remerciez-moi d'avoir pensé à votre petite lessive !

Cette I. R., toujours à nous rappeler quelque obligation désagréable ou ennuyeuse !

— Moi, je ne laverai pas ! a déclaré Maroussia. Je n'ai pas le temps, de toute façon ; ce soir, Steph a une permission.

Nina a fait une suggestion :

— Et si on attendait demain ? Les filles de la chambre 5 nous céderont peut-être leur tour ?

— Sûrement ! Comptez là-dessus ! a ricané I. R.

On n'avait pas envie de s'y mettre, et personne ne bougeait. Nina a sorti sa tenue des grands jours : chemisier de lainage, jupe de velours à très grosses poches, bas et chaussures basses, et elle a étalé tout ça sur son lit. Il est évidemment bien plus agréable de se faire belle que de s'occuper de sa lessive !

Alors, je me suis décidée :

— Un peu de courage, les filles ! Si on lavait au moins notre petit linge ?

J'avais peut-être encore moins envie de laver que les autres, mais j'avais lancé cette proposition car je suis persuadée que l'être humain doit apprendre à se rendre maître de ses désirs.

— Oh zut, Lucia ! – Nina a fait la moue, mais elle s'est tout de même levée.

Nous avons passé nos robes de chambre, et nous sommes allées dans la salle d'eau. I. R. avait tout préparé : le ballon était chaud, les bacs et les cuvettes disposés sur les tables. Nous avons fermé la porte au crochet pour que les garçons ne viennent pas nous importuner avec leurs plaisanteries de mauvais goût, et nous nous sommes mises au travail.

La petite pièce a tout de suite été remplie de vapeur. Au plafond, la lampe avait l'air d'une tache jaune étalée. Les filles riaient, et j'avais l'impression que leurs rires me parvenaient de très loin. Au milieu de cette nuée jaune, je ne pouvais presque rien distinguer. Je ne voyais nettement que les épaules maigres et nues de Nina. Nina me regardait. Elle me regarde souvent dans la salle d'eau ou à la douche, on dirait qu'elle compare. J'ai de belles épaules, et les regards de Nina m'amusent, mais je ne le laisserai jamais voir, car je sais que ce qui caractérise un être humain, ce n'est pas tant sa beauté extérieure que sa beauté intérieure.

L'énorme Sima, rose et à moitié nue, est passée à côté de moi de son pas traînant. Elle a mis sa cuvette sous le robinet et a commencé à rincer quelque chose de rayé, et il m'a fallu un bon moment pour comprendre que c'était un maillot de corps de marin. Sima s'était donc trouvé un chevalier servant. C'est une fille étrange, cette Sima, ce n'est que dans la salle d'eau, au moment des lessives, qu'on découvre ce qu'on appellera, pour ne pas être méchant, ses emballements. Il y a en elle des survivances du Domostroï*, elle s'abaisse devant les hommes et croit qu'il est de son devoir de laver leur linge. Elle prend même un certain plaisir à cette occupation. Moi, par contre... Il y a quelque temps, j'ai lu que, très bientôt, on allait inventer et mettre en pratique tout ce qui est indispensable pour libérer la femme des soucis domestiques et qu'ainsi cette dernière pourrait jouer dans la société un rôle plus important. Qu'il vienne vite, ce temps ! Si un jour je me marie...

Sima a étalé son tricot de corps.

— Eh bien ! Il a de ces bras, ton petit ami ! s'est écriée Maroussia.

— Qu'est-ce que ça doit vous couper le souffle, quand un gars comme ça vous embrasse ! a remarqué une autre fille, et tout le monde s'est mis à rire.

C'était parti ! Maintenant les filles allaient débiter de ces choses !... Je me demande ce que je pourrais bien inventer pour leur faire passer cette habitude !

Cette fois, j'ai résolu de ne rien dire, et, tandis qu'elles donnaient libre cours à leur génie, j'ai gardé

* Domostroï : code de la vie domestique rédigé au XVIe siècle et d'esprit très patriarcal.

le silence. Mon linge bleu, rose et blanc s'agitait, gémissait, geignait sous mes doigts comme un être vivant, l'eau clapotait, la mousse se gonflait en bulles irisées, et, moi, j'avais la tête qui tournait, mon regard s'obscurcissait, je n'étais pas bien.

Tout à coup j'ai repensé à ce qui m'était arrivé à Krasnodar : Vladimir avait posé sa blouse bleue de vendeur et avait essayé de m'embêter. Qu'est-ce qu'il ne m'avait pas fait ! Il m'avait tordu les bras, avait tenté de me faire basculer en arrière… J'aurais pu crier, mais je ne l'avais pas fait. Il aurait été humiliant de crier pour un pauvre type comme lui ! Je m'étais défendue. J'étais en proie à une colère et à une indignation telles que, si un poignard m'était tombé sous la main, je l'aurais tué comme font les Espagnoles. Je n'avais eu qu'un court instant de faiblesse, ma vue s'était troublée, mes jambes s'étaient dérobées, mais, une seconde plus tard, je m'étais reprise en mains. J'avais bondi hors du petit bureau. Svétlana et Valentina Ivanovna se demandaient ce qui arrivait. Les tables étaient déjà mises. Un train passait justement sous les fenêtres, faisant trembler les verres à pied, danser des taches de soleil sur le plafond et étinceler les couverts dans leur ordonnance impeccable. Mais il allait suffire d'ouvrir cette porte là-bas, et la foule allait se ruer, les taches de soleil, prises de panique, allaient précipiter leur danse, et la bière allait tracer sur les nappes de longues coulées brunes. Et la fin de la journée ! Mon Dieu, ces fins de journées… Ces ignobles petits tas de salade de légumes avec des mégots piqués dedans !... J'avais tressailli ; j'avais un instant eu l'impression que j'en étais couverte, de cette odieuse salade de légumes, couverte de la tête aux pieds... Derrière moi, la porte avait grincé. C'était sans doute Vladimir ; il n'attendait même pas d'avoir repris son souffle. Sans un mot à Svétlana et à Valentina Ivanovna, j'avais arraché ma petite coiffe et mon tablier, et, traversant la grande salle, je m'étais précipitée dehors. Svétlana et Valentina Ivanovna ne me reverront plus. Moi non plus, je ne les reverrai plus. C'est dommage, elles étaient gentilles. Mais, aussi, je n'aurai plus jamais sous les yeux la face luisante de ce Vladimir, cet être abject, tombé dans l'ivrognerie, la débauche et le vol à la tire. Il faut recommencer à zéro, me disais-je en marchant dans les rues. C'est vrai, après tout, ce n'est pas pour être serveuse dans un buffet de gare que j'ai fait mes dix années d'école. On est pas mal payées, d'accord, mais aussi le premier voyou venu se croit autorisé à vous faire des avances.

Soudain, une voix avait retenti tout près de mon oreille :

— Voyons, il ne faut pas pleurer comme ça !

Un homme était à côté de moi. J'avais fait un bond, et j'étais partie comme une flèche. Arrivée au coin de la rue, je m'étais retournée. Il était jeune et grand et tenait une feuille de platane entre ses dents. Il me regardait d'un air étonné, l'index près de la tempe. Avec lui, ça vaudrait peut-être le coup, on pourrait peut-être unir nos destinées, m'étais-je dit, mais voilà, il risque d'être comme Vladimir, lui aussi ! Je m'étais engagée dans une autre rue, et le grand jeune homme aux yeux clairs avait à jamais disparu de ma vie.

A la radio, il y avait une émission pour la jeunesse, et tout à coup j'avais entendu ma chanson préférée :

Si tu veux, toi aussi,
Avoir beaucoup d'amis,
Prends la route avec nous,
Prends la très longue route…

Partir ! Prendre la route… Il y avait les terres vierges, il y avait Bratsk, le chantier de construction Abadan-Tachkent ; je me disais même que je pouvais aller encore plus loin, j'avais vu qu'on cherchait des ouvrières en saison pour un combinat de pêche. J'avais repensé à une masse de films, de chansons et d'émissions sur le départ des jeunes, sur les grandes tâches qu'ils accomplissaient là-bas dans l'Est, loin de leurs lieux familiers. Et ma décision avait été irrévocablement prise.

Oui, dans l'Est ma vie sera changée, je trouverai à employer mes forces et mon énergie. Et c'est peut-être là que je le rencontrerai un jour, ce grand marin aux yeux clairs. Il hésitera longtemps avant de m'aborder, puis il s'approchera et se présentera. Il sera timide et rougissant et passera toutes ses nuits sous mes fenêtres. Moi, je saurai combiner travail, études et activités au Komsomol, et un jour je lui poserai moi-même une question importante, et moi la première, je l'embrasserai…

Tout à coup j'ai entendu Sima qui lançait d'une voix tonitruante :

— Ça peut faire ! Je ne me plains pas de mon Michel !

Et au milieu de la vapeur, j'ai vu son grand corps rose qui s'étirait.

Je n'ai pas pu me retenir :

— Pouah ! Séraphima, tu devrais avoir honte !

— Toi, Lucia, tu ferais mieux de te taire ! – Et Sima, un tricot de corps noué autour de la taille, s'est campée devant moi, les poings sur les hanches.

— Tu pourrais la fermer, parce que si je parle de ton petit Victor à ton Eddy, et de ton Herri à ton Victor... Et le grand du port de Pétrovsk, tu l'as oublié, celui-là ?...

— Elle a raison, Lucia, c'est pas la peine de te donner des grands airs, a renchéri Nina. Toi, tu fais la coquette avec tous les garçons ; même à la réunion avec Nicolas Kaltchanov.

— Menteuse ! Je n'ai pas fait la coquette. Je l'ai critiqué pour son aspect extérieur. Et puis, si ce voyou de Kaltchanov te plaît, à toi, c'est pas une raison pour inventer des sottises. D'ailleurs, être coquette, c'est une chose, leur laver leur linge en est une autre... Moi, je n'ai avec les garçons que des rapports d'amitié, et ce n'est pas ma faute si je leur plais.

— Et toi, Lucia, c'est vrai qu'il n'y en a pas un seul qui te plaise ? m'a demandé Maroussia.

— Je ne suis pas venue ici pour cela.

Même avant de débarquer, j'avais vu sur la berge beaucoup de garçons ; mais, parole d'honneur, ils étaient le dernier de mes soucis. Je me disais que j'allais travailler, voir comment c'était ici, me spécialiser éventuellement, et que, peut-être, je pourrais rester au-delà de la saison. Ce n'était qu'abstraitement que je pensais un peu à ce grand garçon aux yeux clairs qui avait dû me prendre pour une folle et qui avait à jamais disparu de ma vie. Dès le premier soir, j'avais fait la connaissance du foreur Victor Koltyga. Etrange coïncidence, il était de Krasnodar, lui aussi. Nous avions passé toute la soirée ensemble. C'était un garçon très amusant et qui savait des tas de choses, mais il avait en lui quelque chose de mal agencé.

— Qu'est-ce que vous avez toutes après moi ! ai-je tout à coup hurlé ; vous, vous n'avez que les garçons en tête, pas la moindre goutte d'amour-propre !

— Que tu es donc bête, ma pauvre Lucia ! a déclaré Sima en riant. Si tu continues comme ça, en dépit de ta beauté, tu vas te retrouver vieille fille ! Celui-ci n'est pas bien agencé, cet autre ne l'est pas non plus… Qu'est-ce que tu as contre le Japonais, par exemple ? C'est un champion, il s'habille à la mode, il a un bon métier : technicien radio…

— Fichez-moi donc la paix ! – et j'ai quitté la pièce. J'étais au bord des larmes.

Elles m'avaient mise dans un bel état, les maudites filles. Je suis retournée dans la chambre, et j'ai commencé à étendre mon linge. Je crois que je pleurais ; c'est possible. Qu'est-ce que vous voulez que j'y fasse si tous les garçons ont effectivement quelque chose de mal agencé. Au lieu de parler de quelque chose d'intéressant, il faut toujours qu'ils aient envie de toucher. Pendant que je fixais mes soutiens-gorge et mes collants avec des pinces à linge, je sentais que des larmes inondaient mes joues. Qu'est-ce qui me faisait pleurer ? Ce que m'avait dit Sima ? Non, tout ça, pour moi, ça ne posait pas de problème, ou, plutôt, ça ne posait qu'un problème de second ordre.

Je me suis essuyé le visage, et je me suis approchée de ma petite table de chevet pour me passer de la crème Ambre sur les mains (j'ai beau en passer, mes paumes sont si dures que je pourrais casser des noix avec !), je me suis donné un coup de peigne (je ne mets pas de rouge à lèvres par principe), j'ai pris un volume de Gorki, et je me suis installée à la grande table.

Quelle soirée bizarre ! Je ne me reconnaissais plus. Ça avait commencé deux heures plus tôt quand j'avais failli pleurer en voyant Kaltchanov tout seul derrière le bâtiment. C'était étrange, j'avais eu envie de lui venir en aide, je m'étais sentie capable de faire n'importe quoi pour lui malgré ses œillades. Ensuite il y avait eu ces conversations dans la salle d'eau.

Etaient-ce la chaleur et la lumière jaune qui agissaient ainsi, ou étaient-ce les montagnes bleues et argentées avec leur courbe onduleuse et paisible ? Je n'en savais rien, mais j'avais envie de faire quelque chose d'extraordinaire, de fou peut-être, et je ne me retenais qu'à grand-peine.

Tout à coup j'ai regardé mon linge qui séchait : un tout petit tas, presque rien, et je me suis remise à pleurer. J'étais prise de peur en me voyant si petite : moi, mon linge, ma petite table, mon lit ; et puis seule, si seule et si loin, mon Dieu ! Et cette soirée bizarre, cette ombre de Kaltchanov sur le mur blanc. Il m'aurait comprise, lui, ce Nicolas barbu ; mais ces montagnes, ces maudites montagnes, quel était donc leur secret et que me voulaient-elles… Eddy allait bientôt revenir, et de nouveau il allait parler d'amour, essayer de me tripoter, un vrai supplice. Et tous ces garçons qui étaient si mal agencés… Je n'écrivais ni à Victor, ni à Herri, ni à Valia ; j'étais une belle garce, et je n'avais personne, et j'allais me retrouver vieille fille. Et ma sœur, comment se débrouillait-elle là-bas avec ses enfants en bas âge ? Oh là là, qu'est-ce que j'ai pu pleurer !

Mais déjà, dans le couloir, les filles revenaient en riant. J'ai fait un gros effort pour me reprendre, essuyé mes larmes et repris ma lecture. Elles ont fait une entrée bruyante mais, voyant que j'étais en train de lire un livre, elles se sont mises à parler plus bas.

J'ai eu de la chance, je suis tout de suite tombée sur une bonne citation. Je suis allée à ma table de nuit, et j'ai pris mon carnet pour la noter : "Si je n'existe que pour moi-même, alors à quoi bon exister !" Excellente citation, à mon avis ; elle aide à mieux comprendre la vie.

J'ai remarqué que Nina me regardait. Elle était là, cette petite sotte, avec sa jupe de velours et son chemisier qu'elle n'avait pas fini de passer, et elle regardait mon journal. Elle avait brûlé le sien quelques jours plus tôt, à la suite d'un petit drame. Elle l'avait laissé traîner sur sa table de nuit, et les filles l'avaient lu. Il était intéressant, en gros, son journal, mais il avait un défaut grave : elle n'y avait noté que les menus faits de sa vie personnelle. Les filles avaient été très émues par leur lecture, elles étaient en admiration devant l'intelligence de Nina et devant sa façon d'écrire. Un court poème leur avait particulièrement plu :

Dix-huit ans, que de choses il arrive,
A cet âge, à un cœur féminin !
On attend que l'amour vous enivre,
Tout en vous n'est qu'un radieux matin.

Pour ma part, j'avais observé que les vers, bien que réussis quant à leurs rimes, étaient trop étroitement personnels et ne reflétaient pas l'humeur de notre génération. Les filles n'étaient pas d'accord. Une discussion animée s'était engagée, quand tout à coup nous nous sommes aperçues que Nina était sur le pas de la porte. Quand nous nous sommes retournées, elle a éclaté en sanglots. Traversant la pièce, elle s'est précipitée vers la table, a arraché le journal des mains d'I. R. et s'est sauvée en le serrant sur son cœur. Tout en courant, elle sanglotait bruyamment.

Elle avait brûlé son journal dans la chaudière de la salle d'eau. En entrouvrant la porte, je l'avais aperçue assise par terre devant le foyer, les yeux fixés sur la couverture qui se tordait dans le feu tandis que le petit buvard, au bout d'un fil bleu, pendait à l'extérieur.

Sima avait sorti de la confiture d'airelles et fait à Nina du thé, et toutes, sans fermer l'œil, chacune dans son lit, nous avions passé la nuit à les observer, serrées l'une contre l'autre, qui buvaient leur thé et discutaient à voix basse à la lumière de la veilleuse.

Ce petit incident avait été bien vite oublié, et tout était redevenu comme avant. On avait recommencé à taquiner Nina, à se moquer de sa jupe, mais là, en rencontrant son regard, j'ai eu l'impression de la revoir traverser la pièce en courant, belle comme elle ne l'avait jamais été. Je l'ai invitée à venir s'asseoir sur mon lit, et je lui ai lu cette admirable citation de Maxime Gorki. Je lui ai montré d'autres citations également, et je lui ai fait lire quelques passages de mon journal. Moi, je n'éclaterais pas en sanglots si tout le monde lisait mon journal, parce que moi, je n'en rougis pas : c'est le journal type d'une jeune fille de notre époque, et non un journal étroitement personnel.

— Il est bien, ton journal ! m'a dit Nina, et, poussant un soupir, elle m'a prise par le cou.

Son geste était mal assuré, peut-être pensait-elle que j'allais la repousser. Mais je savais combien elle souhaitait devenir mon amie, et, ce soir-là, sans trop savoir pourquoi, j'avais envie de lui faire plaisir. C'est pourquoi, moi aussi, j'ai posé mon bras sur ses épaules frêles.

Nous étions assises sur mon lit. A voix basse, Nina me parlait de Léningrad d'où elle venait et où elle avait passé dix-huit ans, de l'île Vassiliévski, du Palais de marbre où elle allait danser, des jeunes gens attardés qui, après le bal, s'attroupaient à la porte pour regarder sortir les filles, de leurs chemises en nylon qui paraissaient si blanches dans la nuit. Ça peut sembler étrange, mais c'est justement comme ça qu'il l'avait abordée. Ils s'étaient rencontrés cinq fois : ils avaient mangé des glaces sur la perspective Nevski, une fois ils avaient même bu un cocktail Salut, après quoi, pendant deux heures, ils avaient échangé des baisers dans le hall d'entrée. Puis il avait disparu. Ses camarades avaient appris à Nina que, chassé de l'université, il était parti dans l'Est et qu'il était collecteur dans une équipe géologique. Alors, elle était venue ici. Pourquoi ici précisément ? C'était peut-être à Sakhaline ou sur le littoral qu'il tentait sa chance.

— Il n'y a que les montagnes… lui ai-je expliqué.

Une voix forte a rompu ce demi-silence :

— On peut entrer ?

C'était le Steph de Maroussia, un sergent-chef.

Nos regards admiratifs se sont braqués sur lui. Il avançait entre les lits, tiré à quatre épingles comme toujours, et, comme toujours, il plaisantait.

— Debout ! Appel des effectifs !

— Où en sont la préparation militaire et la préparation politique ?

— Avez-vous des réclamations à faire ? Des vœux personnels à formuler ?

Comme toujours, il jouait au général.

Sans dire un mot, Maroussia, dans son coin, le couvait du regard. Comme toujours, ses yeux s'étaient allumés et ses lèvres s'étaient plissées en un sourire.

— Caporal Roukavichnikova, lui a dit Steph, préparez-vous à remplir une mission spéciale. Tenue de parade exigée. Est-ce clair ? Répétez l'ordre !

Maroussia n'a rien répondu, mais elle est passée derrière le paravent pour se changer.

Tandis qu'elle s'habillait, Steph allait de long en large. Ses bottes et la boucle de son ceinturon reluisaient comme les pédales d'un piano. Il arborait un uniforme qu'on ne lui avait encore jamais vu : une petite veste courte en gros drap avec un capuchon en fourrure synthétique rejeté en arrière.

— Comme tu es beau aujourd'hui ! a remarqué I. R.

— C'est notre nouvel uniforme, a expliqué Steph en vérifiant les fronces à la taille. A propos, les filles, demain je vais sur le continent.

— Oh là là, toi, tu commences à avoir un peu trop d'imagination, a dit Sima.

Elle méprise les hommes petits, forts et pas mal bâtis du genre de Steph.

— C'est vrai, les filles, je pars ; de Phosphatki à Khabarovsk, je prends un IL-14, de là à la capitale un avion à réaction, après je verrai…

Maroussia s'est approchée de lui :

— Qu'est-ce que tu racontes ? lui a-t-elle demandé.

Elle avait déjà eu le temps d'enfiler sa belle robe et toute sa verroterie. C'est son point faible, la verroterie : broches, colliers, clips énormes…

— Parfaitement, je prends l'avion.

Et Steph a accompagné sa phrase d'un claquement des talons. Puis, tout en enveloppant l'assistance d'un regard circulaire, il a expliqué :

— Ma mère vient de passer. Elle est morte, quoi. J'ai reçu le télégramme avant-hier. C'est pour ça qu'on me laisse partir. J'ai une permission de vingt-quatre heures ; c'est conforme au règlement.

Maroussia s'est laissée tomber sur une chaise.

— Qu'est-ce que tu racontes ? lui a-t-elle demandé de nouveau, arrête…

Steph a sorti ses cigarettes.

— Vous permettez ? – Il a refermé son porte-cigarettes avec bruit, puis il a jeté un regard à sa montre. – Dans deux jours, j'y serai. Hier j'ai envoyé un télégramme à la famille pour leur demander de m'attendre. C'est pas grave. Ils peuvent attendre un peu pour l'enterrement. Qu'est-ce que vous en pensez, les filles ? Même s'il fait un peu chaud, ça ne fait rien. On est en hiver, quand même ! Ça peut attendre un peu, non ?

Maroussia a bondi de sa chaise, et, attrapant sa pelisse, elle a entraîné son sergent dehors :

— Viens, Steph, viens donc !

Elle est sortie la première, et Steph, marquant un temps d'arrêt à la porte, a salué militairement.

— Bonne continuation, les filles ! Je transmettrai votre bonjour à la capitale.

Nous gardions toutes le silence. C'était l'heure du repas, et I. R., qui était de service, mettait le couvert. La casserole était sur son lit, sous une montagne d'oreillers. Elle a enlevé les oreillers et posé la casserole sur la table.

— C'est vrai, il arrivera à temps, a remarqué Sima, il a raison, on est en hiver et ces choses-là peuvent attendre.

— Bien sûr, a confirmé I. R., en été c'est autre chose, mais en hiver ça peut attendre.

— Comment pouvez-vous parler ainsi ? s'est écriée Nina, comment pouvez-vous toutes parler ainsi ?

Elle pleurait presque.

Je ne disais rien. J'étais abasourdie. Cette prestance, cet air joli garçon, cette allure "prêt à tirer" de Steph auxquels nous étions parfaitement habituées m'avaient cette fois plongée dans la plus profonde stupéfaction. Et cette voix perçante et même un peu criarde, et toute cette élégance : le bruit de ses talons ferrés, son porte-cigarettes, sa montre, son nouvel uniforme… Quant aux verroteries de Maroussia, aujourd'hui elles ne m'avaient pas paru ridicules, mais étranges et solennelles quand elle s'était tenue devant son fiancé et que sa broche avait renvoyé au plafond un rayon lumineux.

— On n'a plus de beurre, a remarqué I. R., il faut aller en chercher.

— Tu ne peux pas y aller, Rosa ? a demandé Sima gentiment.

Mais I. R. a objecté :

— Rosa a déjà été chercher les oreillers hier soir.

— Alors j'y vais, a annoncé Sima.

— Vous voulez que j'y aille ? a proposé Nina.

Je me suis habillée avant les autres, et je suis sortie. Au bout du couloir, deux couleurs de béton dansaient, un peu pris d'alcool. Une porte était ouverte d'où sortaient des nuages de fumée. On entendait de la musique et des fortes voix masculines. Ils étaient en train de fêter leur paye.

— Lucia, petite reine ! m'a crié le premier, viens là !

— Eh ! Commission culturelle ! Tu la distribues, ta culture ! a crié le deuxième.

J'ai ouvert la porte d'entrée, et je me suis précipitée dehors, au grand froid. La porte a claqué sur mes talons, et je me suis retrouvée en plein silence. Après le manque d'air et le bruit de notre habitation collective, j'avais l'impression d'être dans un tout autre monde. La lune, au-dessus des montagnes, très haut dans un ciel immense et noir, faisait étinceler les colonnes carrées du club qui dominait les toits bas de notre village. Tout près, quelque part, j'entendais marcher sur la neige tassée.

Je n'avais encore fait que quelques pas quand j'ai entendu pleurer. Steph et Maroussia étaient là, assis sur un tronc d'arbre recouvert de neige. Ils me tournaient le dos. Ils n'étaient pas côte à côte, mais à une certaine distance l'un de l'autre ; deux minuscules silhouettes au clair de lune qui renvoyaient deux longues ombres presque immobiles. Maroussia sanglotait, les épaules de Steph étaient agitées par un tremblement. Je devais passer juste derrière eux, il n'y avait pas d'autre chemin.

— Ne pleure pas, disait Steph d'une voix pleine de larmes. Mais voyons, pourquoi pleures-tu ? Je lui avais parlé de toi dans mes lettres, elle était au courant…

— Toi non plus, ne pleure pas ! Ne pleure pas, mon petit Steph ! disait Maroussia sur le ton de la lamentation, tu as le temps d'arriver ; on est en plein hiver, ne t'inquiète pas !

Moi, je ne me souviens pas de maman, ou plutôt presque pas. Je ne me souviens que d'avoir été corrigée par elle une fois, pour je ne sais plus quelle bêtise. Elle ne m'avait pas fait mal, mais j'étais vexée. Quand ma tante est morte, il y a deux ans, j'ai eu beaucoup de peine et j'ai pleuré. Je me souviens parfaitement de ma tante qui avait été une véritable mère pour ma sœur et pour moi. Et notre père ? Où est-il en ce moment ? Où cherche-t-il fortune ? Comment travaille-t-il ? Il paraît qu'on l'a vu au Kazakhstan. Comment retrouver sa trace ? Il faut absolument que je le retrouve, me disais-je, on ne sait jamais, un accident, une maladie…

Je me dépêchais. Je connais un raccourci à travers toutes ces rues, ces ruelles et ces impasses, et bientôt j'ai débouché sur la place.

J'avais devant moi une énorme étendue blanche et pleine de bosses. Un jour, bientôt peut-être, cette étendue deviendra plate et le vent pourra faire tourbillonner la neige sur son asphalte. De beaux et grands immeubles en feront le tour, et un imposant monument en granit à Ilitch* se dressera en son

* Ilitch : Vladimir Ilitch Lénine. Façon de dire à la fois familière et respectueuse.

centre. En été, elle verra passer des bandes de jeunes en promenade, mais, pour le moment, elle était bosselée comme le bout de la terre et elle était déserte.

Mon regard n'était attiré que par quelques silhouettes dans le lointain et par les vitrines éclairées du magasin d'alimentation et du restaurant situés de l'autre côté. Je courais presque, tellement il me tardait d'y être. Au milieu de la place, là où la neige laissait apercevoir quelques souches et un pionnier au clairon en ciment gris, je me suis arrêtée pour jeter un coup d'œil sur les rangées de montagnes. De là je pouvais voir la vallée de Mouraviev et les phares des camions qui descendaient vers notre cité.

Il y avait justement une véritable procession de phares, et je me suis dit que c'était sans doute une caravane à long parcours qui allait passer par notre ville. J'aime, dans cette obscurité scintillante des montagnes, regarder les voitures qui descendent ; quand il fait mauvais et que les montagnes se confondent avec le ciel, elles ont l'air de surgir au loin comme des avions.

Au bord de la place se dressent plusieurs poteaux noircis. Il paraît qu'avant, ces poteaux soutenaient un mirador. On raconte que jadis, il y a bien longtemps, à l'époque de Staline, là où est maintenant notre cité, il y avait un camp de concentration. Là où nous travaillons, où nous dansons, où nous allons au cinéma, là où nous nous moquons les uns des autres et là où nous pleurons, il y avait un camp de concentration, on a de la peine à l'imaginer. Pour ma part, j'essaye de ne pas trop penser à cette époque, je la trouve trop difficile à comprendre.

Dans le magasin d'alimentation, il y avait foule : c'était jour de paye. Les gens achetaient en grande quantité et choisissaient ce qu'il y avait de meilleur. J'ai retenu une place dans la queue pour le beurre, et je me suis approchée du rayon de pâtisserie. J'avais l'intention d'acheter quelques gâteries pour le dessert, je venais de toucher ma paye tout de même. Et pas question de partager. Aujourd'hui, c'était moi qui régalais, avec mon argent. Tant pis si ça devait les intriguer.

Tout à coup une femme plus très jeune, qui avait bien dans les trente-cinq ans, m'a touché l'épaule :

— Vous permettez ? Je peux regarder ? Ça coûte combien, ça ? Et ça ? Je vois mal, et ça ?

Elle se jetait tantôt à droite tantôt à gauche, le nez collé contre la vitre de l'étalage. C'était une personne étrange : elle portait un foulard et, par-dessus, un chapeau de ville usagé mais non sans prétention. Elle s'agitait tellement que je n'arrivais même pas à faire mon choix.

Soudain elle s'est penchée, et elle a demandé :

— Tu veux des fruits séchés ? Tu aimes la compote ?

C'est alors seulement que j'ai découvert qu'elle tenait par la main un tout petit enfant bien emmitouflé. Petit garçon ? Petite fille ? On ne voyait que le bout de son nez et ses joues rouges.

— Oui, a répondu l'enfant.

Et la femme a demandé à la vendeuse :

— Donnez-nous donc trois cents grammes de fruits.

La vendeuse a commencé à la servir : elle laissait tomber, d'une petite pelle, pruneaux, pommes et abricots séchés ; la femme, pendant ce temps-là, piétinait d'impatience tout en jetant des regards brefs à la vendeuse, à la balance, à l'étalage, à l'enfant et à moi-même.

Elle n'arrêtait pas de discourir :

— On va arriver à la maison, mon petit Boris, tu vas voir, on va se faire de la compote, on va se régaler, hein ? Tiens, regarde, la dame va finir de nous servir, et on rentre...

Puis elle a souri du sourire mal assuré d'une myope.

Tout à coup, ça m'a pincée à l'intérieur. Sans raison, comme ça, j'étais prise de pitié pour cette femme et pour ce petit garçon. Elle n'était sans doute pas à plaindre. Elle n'était probablement pas malheureuse du tout. Peut-être n'avait-elle au contraire qu'un désir : se retrouver chez elle, dans sa petite pièce bien chauffée, et manger une bonne compote avec son petit Boris ; et puis Boris allait grandir, aller à l'école, et puis... Ça passe vite, il allait terminer ses études... Avant, je me demandais pourquoi les gens ont toujours l'air de penser à quelque chose d'autre quand ils disent : "Comme le temps passe vite !", pourquoi cette phrase n'est jamais vide, mais toujours chargée de tristesse ou de désirs inassouvis ou de Dieu sait quoi d'autre.

Là, tout à coup, j'ai eu l'impression de découvrir quelque chose dans cette pitié intense pour deux pauvres êtres ridicules qui rêvaient de leur compote.

Je ne savais vraiment pas ce qui m'arrivait. C'était peut-être parce que j'avais eu dans la journée beaucoup de moments creux : la réunion de la commission avait été repoussée, la répétition ne devait avoir lieu que le lendemain, et Eddy n'était pas encore arrivé. Je ne me reconnaissais pas, je me sentais étrangement portée aux larmes et à la sensiblerie. Soudain, j'ai eu envie d'un petit Boris tout pareil, j'ai eu envie de rentrer chez moi en le tenant par la main, avec, dans un petit sachet, trois cents grammes de fruits séchés.

Je suis sortie du magasin les bras chargés. Un camion passait, plein de joyeux jeunes gens. J'ai entendu de grands coups frappés à la paroi de la cabine. Le chauffeur a freiné, un instant j'ai vu passer en l'air des guêtres de fourrure, puis devant moi s'est dressé un grand jeune homme avec un sourire jusqu'aux oreilles.

— Salut ! m'a-t-il crié, chère *prima donna*, n'ayez pas peur ! Voici un petit cadeau de la part d'admirateurs enthousiastes de ton talent.

Et dans sa main tendue, j'ai vu, oh mon Dieu !, énorme, tout ce qu'il y a d'énorme, lumineuse comme il n'est pas permis de l'être, une vraie, une authentique, une véritable orange.

V

LA RACINE

Le matin, j'avais pris soin de me munir de deux boîtes de foie de morue : mes boyaux sentaient bien la façon dont les choses allaient tourner !

Le cinquième entrepôt est aux cinq cents diables, derrière la Bourse du bois, près des quais désaffectés. C'est pas un coin des plus agréables, faut bien le dire ! Quand on se fourvoie là-dedans des fois, on a positivement envie de hurler comme une bête : y a jamais un chien, jamais un homme, jamais âme qui vive ! On raconte qu'il existe un projet de modernisation pour ce secteur, et effectivement, non loin de l'entrepôt, on apercevait une grue avec un mouton en fonte, un excavateur et un bulldozer. Mais les travaux n'avaient pas l'air d'être commencés, et rien n'était changé sauf ces machines dans un coin. Pour le moment, c'est nous qu'on avait envoyés pour déblayer un peu, pour enlever les ordures et la ferraille.

J'avais bien fait d'emporter mes boîtes, j'avais eu bon nez ! Vers trois heures, Vovik, qui est comme qui dirait notre brigadier, nous a dit :

— Assez travaillé, les matelots ! Si on allait se réchauffer un peu ? J'ai une petite surprise pour vous.

Et le voilà qui sort de son sac à dos deux petites fioles noires bien sympathiques de seize centimètres chacune. C'est quelqu'un, notre Vovik ; je me demande seulement où il prend le fric !

Sans plus attendre, on a sonné la retraite. Après quoi on a ramassé quelques vieux sacs et un siège de voiture tout râpé qui traînait par là, et on s'est barricadés dans un coin avec des caisses. Ça nous a fait comme un véritable wagon de première.

Vovik a ouvert ses bouteilles ; moi, j'ai sorti mes boîtes ; et Pétka Sarakhan a extirpé de la poche de son pantalon un carré de fromage Le Nouveau tout écrasé.

— C'est pas mal, a-t-il remarqué. On est bien abrités du vent !

Bref, on s'est fait une de ces installations, tous les trois, il fallait voir ça ! On aurait dit un bivouac d'ingénieurs sur un chantier.

On était donc là, bien tranquilles, à boire et à manger ; quant à Vovik, bien sûr, le roi n'était pas son cousin !

— Eh oui, les gars ! C'était le bon temps, quand je traversais l'océan avec les *liberty-ships*, quand j'allais vous chercher des œufs en poudre à San Francisco, à vous autres qui étiez encore moutards.

— Vas-y, qu'on lui a dit, Pétka et moi, raconte !

C'était bien au moins la centième fois qu'on entendait parler de ce bon vieux temps, mais pourquoi ne pas lui faire plaisir une fois de plus, à ce brave homme ! En plus, il raconte comme un chef. Une fois, dans un travail en forêt, sur la

Néra*, on avait eu un gars comme ça ; la nuit, il nous racontait des romans avec des espions et de belles actrices. Eh bien, il pouvait toujours s'aligner ! Avec Vovik, on a tout à fait l'impression de le voir déambuler par les rues de San Francisco, avec une brune d'un côté et une autre, encore plus brune, de l'autre. On comprend tout de suite comment ces fameux *liberty-ships* traversaient tous feux éteints le détroit de Lapérouse tandis que les samouraïs japonais essayaient de leur envoyer des mines.

Je ne sais pas si Vovik a véritablement navigué aussi loin, ce ne sont peut-être que des histoires, mais il raconte merveilleusement. Si je pouvais en faire autant !

— ... A ce moment-là, une explosion formidable a ébranlé notre bâtiment de la quille jusqu'au sommet du mât. Au milieu de cette obscurité chargée de menaces, les sirènes se sont mises à hurler...

Les mains de Vovik tremblaient, ses yeux luisaient comme des lanternes. Vers la fin de son récit, il s'énerve toujours, ce qui a pour effet d'exciter Pétka ; moi aussi, pour être honnête !

— Salauds ! s'est écrié Pétka. – Il s'adressait aux samouraïs.

— T'as raison, c'étaient des salauds ! a approuvé Vovik d'une voix sifflante, voilà comment ils concevaient la neutralité, ces pourris !

— Vas-y, continue...

* Néra : rivière du Nord-Est asiatique au bord de laquelle se trouvaient à l'époque stalinienne plusieurs camps de concentration.

Je contenais avec peine mon impatience, je savais pourtant très bien ce qui allait se passer après : Vovik allait se précipiter dans la cale et boucher la fuite avec son corps.

— Après, voilà…

Vovik a pris un air mâle, et il a allumé une cigarette. A ce moment du récit, il tire toujours quelques très, très longues bouffées qui nous mettent vraiment les nerfs à fleur de peau !

Soudain, une voix a retenti au-dessus de nos têtes :

— Les voilà, regardez-moi ça !

C'était Ostachenko, l'inspecteur de la direction du port. Il était accompagné par l'ingénieur qui nous avait chargés de ce travail de déblayage.

— Ah, c'est comme ça ! a fait Ostachenko, on vous y prend ? C'est comme ça que vous faites votre travail ?

Je n'aime pas les types qui posent des questions idiotes. Il voit bien ce qu'il en est, non ?

— On fait la pause, lui ai-je expliqué.

— La pause à la vodka, n'est-ce pas, espèces de pochards ! Vous vous êtes fabriqué une belle cabine, dites donc ! C'est pour vous croire en mer ?

— Arrêtez de nous poser des questions. Qu'est-ce que vous voulez ?

— Comme ça, on vous fait confiance. Et vous, voilà ce que vous faites !

— Vous croyez que c'est un travail pour un marin, ça ? C'est de cette façon que vous utilisez les cadres qualifiés ?

Je commençais à hausser le ton, et j'escaladais les caisses pour me rapprocher d'Ostachenko.

L'ingénieur a pâli, quant à Ostachenko, il est devenu rubicond et il s'est mis à hurler :

— Ne fais pas de démagogie, espèce de fainéant ! Kostioukovski, ne me touche pas ! – Et il s'est éloigné.

— T'as envie de naviguer, hein ! Les gars comme toi, sur nos bâtiments, on n'en veut plus. Sur nos bateaux, il n'y a plus que de bons travailleurs. Quant à tes scandales, Kostioukovski, tout le monde en a assez. Fais attention, même dans les réserves, tu risques de ne pas y rester longtemps !...

Je lui ai répliqué sur un ton d'une politesse extrême :

— Vous ne savez pas nous prendre. A-t-on idée de se monter de la sorte !

— Toi, on a essayé de te prendre de toutes les manières. Mais est-ce que ça a servi à quelque chose ? Quand on te parle comme à un homme, tu ne comprends pas, tu ouvres des yeux comme des billes, et ça s'arrête là. A bord du *Sud*, on n'a pas voulu de toi ; à la base navale, même chose ; quant à la *Flamme*, tu n'y es même pas resté trois mois...

— Ça va, ça va ; du calme, chef !

Je n'avais pas envie de repenser à la *Flamme*.

Ostachenko a baissé le ton, et ses yeux sont devenus étroits comme des fentes :

— Tu crois que ça va se passer comme ça, ton histoire de castors ?

— Oh là là, qu'est-ce que vous allez chercher !

Je prenais un air détaché, mais, à vrai dire, j'avais un goût amer dans la bouche.

— Nous, on se souvient de tout, Kostioukovski, de tout. Tiens-le-toi pour dit.

Vovik s'est approché, et il s'est adressé à l'ingénieur :

— Je m'excuse, mais c'est bien trois jours que vous nous avez donnés pour nettoyer ces écuries d'Augias ? Trois jours et trois nuits, n'est-ce pas ? C'est bien ça ?

— C'est exact. – L'ingénieur s'énervait. – Trois journées de travail, parfaitement. D'ailleurs, je suis sûr que vous… C'est le camarade Ostachenko qui a eu l'idée de venir voir…

Vovik a eu un grand geste théâtral :

— Dès demain soir tout sera terminé. L'ordre du jour est épuisé, vous pouvez vous retirer.

Une fois nos supérieurs partis, nous sommes retournés dans notre "compartiment", mais le cœur n'y était plus. Nous avons bien essayé de nous payer une autre tournée, mais ça manquait franchement d'entrain.

— Pourquoi t'a-t-il parlé de castors ? m'a demandé Vovik d'un air morose.

— Oh !… C'est une histoire qui m'est arrivée à bord de la *Flamme*, ai-je bredouillé dans ma barbe.

— Et qu'est-ce que c'est que ces castors ? a demandé Pétka.

— Le castor du Kamtchatka, tu vois, c'est un petit animal de mer. Il est entre l'ours marin et le phoque, si tu veux savoir. C'est l'animal dont la fourrure est la plus chère. Un col en castor du Kamtchatka, ça coûte huit mille anciens roubles, tu comprends. Alors, un Tatare et moi, on en a descendu quelques-uns, quoi. On pensait les écouler à Vladik*.

— Et vous vous êtes fait piquer ! a ricané Vovik.

Ça venait, c'était mon tour. Ça m'a fait comme un coup. J'ai senti un afflux de chaleur, et l'enthousiasme s'est emparé de mon cœur.

— Les gars, vous voulez que je vous la raconte, cette histoire ?

J'avais l'impression que j'allais réussir à tout rapporter avec précision et exactitude, et en mimant les choses, tout comme Vovik ; dire nos conciliabules la nuit avec le Tatare, et ses yeux qui brillaient dans l'obscurité comme si la lune avait été enfermée dans sa tête ; le bateau, le lendemain matin, dans un paysage de brume, avec la pointe de l'île seulement qui dépassait, toute rose ; décrire la façon dont nous avions détaché la petite chaloupe et ce qui avait suivi ; dépeindre ces petites bêtes qui nagent avec leurs pattes en l'air et leur regard quand on leur enfonce le harpon dans l'oreille.

Je me suis mis à hurler :

— Les gars, vous voulez que je vous raconte ma vie ? De *a* jusqu'à *z*, en commençant par le commencement ?

— Rentrons ! a proposé Vovik, tu raconteras en marchant !

* Vladik : appellation familière de Vladivostok.

Et il s'est levé.

Quand quelqu'un des miens me fait une petite muflerie, je ne cogne pas. Quand il m'en fait une grosse, je tape dur, mais une petite, je laisse tomber. Je suis un brave type, en somme. C'est pour ça, sans doute, qu'on m'appelle "la Racine" ; les racines sont braves, et elles ne font pas de bruit, n'est-ce pas ?

Rentrons, rentrons donc ! Plein cap sur les récifs, valeureux matelots que nous sommes ! Alors, je raconte ? Bon, j'y vais. Moi, Valentin Kostioukovski, suis né en l'an mille neuf cent trente-deux, à Saratov, imaginez un peu…

Nous sommes sortis de l'entrepôt, et, bras dessus, bras dessous, nous sommes partis d'un bon pas en direction de la route. La nuit était déjà tombée, et il faisait si froid que toute mon inspiration s'est envolée.

En ville, Vovik nous a laissés ; il devait avoir quelque affaire d'amiral à régler* ! Pétka et moi, on a d'un commun accord et sans la moindre hésitation effectué un quart de tour en direction de chez Stécha. Malheureusement, devant sa baraque, il y avait plusieurs types qu'on connaissait, et ce contingent était tel qu'on a tout de suite compris que, par là, ça ne collait pas. Alors, on a continué le long de la barrière, comme si c'était notre route, pour faire croire aux gars qu'on n'avait pas du tout l'intention

* Allusion au "verre d'amiral", coutume russe qui consiste à boire un verre de vodka avant le repas.

d'aller chez Stécha, pour qu'ils pensent qu'on voulait seulement faire un petit tour parce qu'on avait la gueule de bois, ou bien que ce soir on était riches.

Après avoir tourné le coin de la rue, on a sauté la barrière et on s'est approchés par-derrière. Stécha a tout de suite ouvert. Je suis entré le premier, et je l'ai attrapée par la taille.

— Valka, tu viendras ce soir ? Tu viendras, hein ? m'a-t-elle murmuré.

Ça faisait bien une bonne minute que les gars du dehors tambourinaient à la vitre avec une pièce de monnaie. Brusquement il y en a un qui s'est mis à taper avec le poing.

— Eh ! Stécha ! criaient-ils.

Derrière moi, la porte grinçait : c'était Pétka qui passait le nez et qui se marrait.

Stécha a soulevé un coin du rideau et a crié :

— Une seconde, mes petits marins ! J'ai quelque chose à régler. – Et elle est revenue se jeter dans mes bras.

Cette fois, Pétka n'a pas pu y tenir, il est entré lui aussi.

— Je vous prie de m'excuser, le camarade la Racine n'a-t-il pas eu l'honneur de pénétrer céans ? Ah, Valia, te voilà, vieux ! Quelle coïncidence !

Stécha s'est écartée de moi. Nous nous sommes installés sur des caisses, Pétka et moi, et, en regardant la jeune femme droit dans les yeux, nous lui avons demandé :

— Stécha, donne-nous à boire à tous les deux !

— Toi, alors !

— Sérieusement, Stécha, donne-nous à boire, dis ?

Stécha a sorti son mouchoir, et elle s'est essuyé le visage, rouge de baisers sans doute. Elle a eu l'air de revenir à elle, de redescendre sur notre terre pécheresse, comme dit Vovik. Puis elle a éclaté de rire.

— Aujourd'hui, je n'ai que de la pomme !

— Aboule, aboule ! que je lui ai dit.

Pétka s'est tout de suite senti plus gai, et il a déclaré d'un ton catégorique :

— Moi, la pomme, ça me convient !

O Kolyma, Kolyma*, planète merveilleuse…

Mais qu'est-ce que tu comprends, pauvre sardine ! Qu'est-ce que tu connais en dehors de cette côte ? Tu te chauffes à un courant chaud, hein ? Kuroshio va, Kuroshio toi-même. Veux-tu que je te parle d'un plan de travaux, d'une tente à Miatik ? Veux-tu que je te raconte ma vie en détail ? Bon, en route ! Stécha, petite fille, tu n'es qu'une pleure-misère. *Arivederci, Roma !* Un froid de chien ? C'est ça que tu appelles un froid de chien ? Qu'est-ce que tu connais en dehors de cette côte pourrie ? Tiens, voilà le *Sud* ; il est là à quai… T'as pigé, Pétia, ce sont les camarades sérieux qui naviguent là-dessus ; nous, pas question… Il y en a un à bord, Herri qu'il s'appelle, il a l'air d'un moutard ; mais

* Kolyma : fleuve du Nord-Est asiatique le long duquel étaient les principaux camps de concentration à l'époque stalinienne.

c'est un homme. Un jour, il m'a fichu un de ces coups au creux de l'estomac ! Ça, c'est un gars !... Il a une dent contre moi, et il n'a pas tort. Ainsi donc, ma tendre enfance s'est écoulée dans la bonne ville de Saratov, au bord de la Volga, la grande artère du pays russe... Les événements marquants ? Un jour, j'ai eu une indigestion de chocolat. De ma fenêtre, on voyait un parc, avec beaucoup d'arbres et du sable jaune dessous, des arbres épais comme des nuages ; vus d'avion, on aurait dit des nuages, mais verts. Tu suis, Pétka ? J'avais un jouet, ça s'appelait "La Cour de ferme". Un clown sur une balançoire qui se remontait, et un fusil avec des flèches à bout en caoutchouc... Je visais le plafond, et la flèche se collait. Alors, quelqu'un tirait la table, mettait une chaise dessus, grimpait sur la chaise et allait me chercher ma flèche. C'était peut-être mon père, justement. Mais peut-être que tout ça n'a jamais existé, ce n'est peut-être qu'un rêve. Ça suffit, Pétia. J'ai assez gaspillé de temps avec toi ; maintenant, moi, la Racine, je vais aller...

— Tu vas aller où ? m'a demandé Pétia.

— Aux Chlakobloki, un point c'est tout !

— N'y va pas ! N'y va pas aujourd'hui, aux Chlakobloki, a essayé de me dire Pétia d'une voix traînante. Où que tu peux aller comme tu es ? T'as ni cravate, ni guêtres, ni cache-nez. Ne va pas aux Chlakobloki, Valka !

Je me suis mis à hurler :

— Quand je pourrai y aller, alors ? Je pourrai y aller quand, Pétia ?

— Tu iras plus tard, mais pas maintenant. Je parle sérieusement. Tu vas commencer par te procurer quelques hardes, après tu iras. Sinon, comme ça, à quoi ça te servirait d'y aller ? Sans cravate, sans guêtres, sans cache-nez... Viens donc à la maison, on va faire un petit somme en attendant le soir.

"Allongés sur un lit, le regard attentif..." Pétka, as-tu eu l'occasion de boire de la pantocrine ? C'est un médicament, tu sais, contre tous les maux. On en a bu en cinquante-trois, à Magadan, en attendant le bateau. On s'était terrés dans les postes du chauffage à vapeur, et on se rafraîchissait à la pantocrine. C'est un alcool fait à partir de corne d'élan. T'en as vu, des élans, Pétka ? T'as jamais rien vu, toi ! Des chiens attelés, ça, t'en as vu, mais des élans, t'as pas eu cet honneur. Si tu savais, les Tchouktches, comme ils foncent là-dessus, en faisant voler la neige en éventail ! Eh bien quoi ? Moi, bien sûr, je n'ai pas navigué sur des *liberty-ships*, mais tout ce que je peux te dire, c'est qu'au bord de la Néra, il gelait autrement qu'ici. Demain, c'est mon anniversaire, si tu veux le savoir : j'aurai trente ans juste, t'as compris ? Demain, je vais aux Chlakobloki. Qu'est-ce que je vais y faire, vieux singe que je suis ! Moi, maintenant, ce qu'il me faudrait, c'est trouver une veuve à épouser ! Il n'y a plus que mon orgueil de Polonais qui me pousse à aller là-bas. Tu le savais, toi, que j'étais polonais ? C'est marrant, non ? Je suis moi, et, tout à coup, voilà que je suis polonais ! La Racine est un seigneur polonais. Pan Kostioukovski. C'est mon paternel qui m'a appris ça ; je ne le savais même pas ; à l'orphelinat, j'étais inscrit comme russe. Tu veux que je te raconte comment je me suis retrouvé en taule, Pan Pétka ? Je te le raconte, ou je te le raconte pas ? Moi, bien sûr, je n'ai pas navigué sur des *liberty-ships*... Alors, j'y vais ? Ah ! tu pionces, ça y est... Eh bien ! pionce...

Ça s'est passé en cinquante, à Piter* ; j'étais alors en apprentissage. De toute façon, je ne serais pas arrivé à raconter les choses correctement. J'y vais. Quelle nuit ça a été ! Un vrai festival ! Qui avait eu l'idée ? C'était peut-être moi ! On faisait les installations sanitaires dans une cave, rue Petite-Sadovaïa, et, le soir, quand on sortait après le travail, juste devant nous, derrière ses grandes vitrines, le magasin Elisséev** brillait de ses mille lumières. C'est sans doute moi qui avais eu l'idée, parce que, chaque fois que je passais devant ce temple de la nourriture, je m'imaginais dedans la nuit. C'est sans doute moi, parce que de tous les gars du cours, c'était moi le plus dévoyé. Bref, on a creusé un tunnel à partir de la maison voisine, de la cave, et on est arrivés juste sous le plancher du magasin. Bon Dieu ! Ça peut pas se raconter : plusieurs lampes d'un lustre énorme étaient allumées, et elles éclairaient une montagne de bouteilles de

* Piter : appellation familière de Saint-Pétersbourg que la langue parlée avait conservée pour désigner Léningrad.

** Magasin d'alimentation que la langue parlée a désigné tout au long de l'époque soviétique par le nom de son ancien propriétaire.

toutes les couleurs ; plus loin, dans un coin, il y avait une pyramide de citrons, et des saucisses de tous les calibres pendaient à des crochets. Nous, on était assis par terre au milieu de ce silence, et on se taisait comme dans une église.

Les gars étaient tout jeunes, ils étaient presque tous de trente-six ; mais moi, le grand chef, sombre imbécile ! il aurait fallu faire les choses proprement, eh bien non ! j'ai rampé jusqu'aux bouteilles et les autres m'ont suivi.

En tout cas, il n'y avait jamais eu de nuit pareille dans mon existence, et il n'y en aura pas. Couchés par terre, on lampait de la liqueur de chocolat et on se gavait de caviar qu'on prenait à pleine main. Autour de nous, tout était collant et sucré, on se serait cru dans un conte de fées. On s'est endormis là, tous les six, par terre, et c'est comme ça qu'on nous a trouvés le lendemain matin, sur les lieux mêmes de notre crime.

Aussi loin que remontent mes souvenirs, ma vie a été une suite d'aventures. Quant à savoir jusqu'où remontent mes souvenirs, je ne le sais pas moi-même. Quelquefois il me semble que celui dont je me souviens n'est pas moi. Et toujours, ce qui s'est passé, ce soir à l'entrepôt par exemple, j'ai l'impression que ça n'existe plus ; tiens, cette cigarette, je l'éteins, et elle aussi, elle n'existe plus ; et devant moi, il n'y a qu'obscurité, et moi, je suis où, alors ?

Là-dessus, j'ai moi aussi été gagné par le sommeil, si bien que quand on a frappé à la porte, je me suis réveillé comme si j'avais reçu un coup, comme si, à un coin de rue, quelqu'un venait de me taper dessus avec un sac tout poussiéreux ; une espèce de peur, une envie de me sauver…

Quelqu'un criait dans le couloir :

— Eh ! la Racine, il y a une convocation pour toi !

C'était une plaisanterie bien sûr. Il voulait dire que c'était mon tour d'aller me faire couper les cheveux.

— La Racine ! T'entends ! Je t'apporte une convocation !

— Va donc au diable avec ton papier ! Et crie pas comme ça, Pétka dort.

Et si c'était une convocation à la milice ? J'avais l'impression de n'avoir rien fait, pourtant.

Je suis quand même allé la chercher. C'était pour une conversation interurbaine. Je ne comprenais plus rien. Qu'est-ce que c'était que cette histoire ?

Je suis allé au lavabo, et j'ai mis ma tête sous le robinet. Le filet d'eau m'a frappé le sommet du crâne, mes cheveux sont descendus dans mes yeux, et je me suis senti agréablement fiévreux ; j'aurais bien passé toute la soirée là, sous ce robinet.

Après quoi, j'ai relu ma convocation. "Est invité à se présenter pour une conversation avec Moscou." Là, j'ai compris : c'était encore un coup de mon père. Voilà ce qu'il avait inventé, le professeur. Il n'avait pas assez des lettres et des télégrammes ; il avait trouvé ça maintenant, une conversation téléphonique !

Depuis un an, j'ai un père. Plus exactement, ça faisait longtemps qu'il me cherchait. Pétka, je te jure qu'avant il ne m'était jamais venu à l'idée que je pouvais avoir un père quelque part. D'ailleurs je n'imaginais même pas que je puisse avoir quelqu'un tout simplement, un père ou autre chose.

Il se trouve qu'il est vivant, mon père ! Il est professeur, membre de je ne sais quelle société ; il vit à Moscou, tu comprends ? En trente-sept, il a fait du foin, mon père, et c'est pour ça qu'il a écopé de seize ans à Kolyma. Comme ça, on a été tout près l'un de l'autre pendant trois ans : moi au bord de la Néra, lui quelque part près de Seïmtchan. Je dois dire qu'à ce moment-là je ne les aimais pas, ces "contre". Regardez-moi ces chiens, que je me disais, ces salauds qui ont voulu vendre la patrie aux Japs et aux Fritz. Or il se trouve qu'il y avait eu une petite erreur, Pétia. Le culte de la personnalité avait entraîné une petite erreur. Pour mon père aussi, alors, ils s'étaient foutus dedans. La jurisprudence avait mal fonctionné, la sale bête !

Pétia dormait. Je me suis levé pour me rendre à la poste. Dans le couloir, j'ai rencontré un chasseur de la *Flamme* et il a fallu causer. Il m'a invité dans sa chambre et m'a offert un verre.

— Alors, comment ça va à bord ? lui ai-je demandé.

— On a eu une prime, c'est dommage que tu n'aies pas été là, la Racine, tu l'aurais eue, toi aussi.

— C'est bien le diable qui m'a fait faire le con avec ces castors !

— Oui, c'est dommage.

Il m'a offert un autre verre.

— Tu comprends, je vais à la poste, mon père m'appelle de Moscou.

— Ça va, la Racine ! Je t'en prie !

— Mon père est un grand professeur.

— Toi, pour raconter des histoires, tu t'y entends ! Là, tu es fort, il n'y a pas à dire !

— Bon, salut ! Bonjour aux copains.

— Salut !

— Mais, dis, c'est vrai que tu ne me crois pas ? Tu veux que je te raconte ma vie ? En commençant par le commencement ? Moi, bien sûr, je n'ai pas navigué à bord des *liberty-ships*...

— Excuse-moi, Valia, je dois aller faire une partie d'échecs avec un géologue. On parlera plus tard, tu veux ?

La lune voguait au-dessus des montagnes comme un petit bateau bien propret arborant des voiles dorées. Contournant l'île de Bouïan, elle mettait le cap sur le royaume du valeureux Saltan*. Il y a un conte comme ça, en vers ; qui me l'a lu ? Il paraît que maintenant il y a des soucoupes volantes et qu'elles foncent dans le ciel avec une rapidité extraordinaire. Si j'avais pu grimper sur l'une d'entre elles et me retrouver à Moscou en un clin d'œil, pour que mon pauvre père n'ait pas à forcer sa voix au téléphone, pour que ses mains ne tremblent pas, pour pouvoir tout simplement m'attabler avec

* Allusion au conte de Pouchkine *Rouslan et Lioudmila*.

lui devant une bouteille de Stolitchnaïa et débattre de la question à l'ordre du jour.

Pauvre chasseur, va ! Tu es content d'aller faire ta partie d'échecs ; tu ne sais rien de ma vie passionnante. Essaye, toi, pour le jour de tes trente ans, de te trouver un père professeur et toute une ribambelle de tantes, et même une petite cousine, belle comme le jour. Essaye un peu de t'asseoir à leur table. Essaye de leur en mettre plein la vue pendant toute une soirée en parlant de tes hauts faits et de tes succès dans la production. Après tout, toi, tu t'en fous, tu es chasseur sur la *Flamme*, bâtiment d'avant-garde, on t'attribue des primes !

Est-ce que tu t'imagines ce que c'est que de passer la nuit dans l'appartement de ce professeur, de ce membre d'une société pour la diffusion de toutes sortes de connaissances ? Toi, tu vois, tu m'appelles “marin à quai”, eh bien lui, je suis sûr qu'il ne sait même pas ce que ça veut dire. Je t'aurais bien raconté la façon dont il m'a demandé :

— Comme ça, Valia, tu es marin ? Tu as donc choisi le métier de la mer ?

Eh oui ! je suis marin, je suis pêcheur, moi, pauvre crétin ! Qu'est-ce que tu voulais que je fasse ? Je pouvais tout de même pas lui apprendre quel animal je suis, lui raconter comment j'ai été chassé du *Sud*, comment on s'est débarrassé de moi à la base navale ! Je ne pouvais tout de même pas lui faire part de mes aventures au magasin Elisséev ?

— Oh ! Valka, Valka, qu'est-ce que c'est que le bonheur ? a dit mon père, et il s'est mis à réciter des vers.

Pour moi, vieux, tu sais ce que c'est, le bonheur ? C'est de se remplir de liqueur jusqu'aux oreilles et de se rouler dans du caviar, c'est vrai, non ?

— Vraiment, tu ne te souviens de rien ? m'a-t-il demandé. Tu ne te souviens pas de notre appartement à Saratov ? Tu ne te souviens pas du tout de moi ? Et ta mère, tu t'en souviens ?

De quoi je me souviens ? Je me souviens que quelqu'un tirait la table, mettait une chaise dessus, grimpait sur la chaise et allait me chercher ma flèche. Les plafonds étaient hauts, ça je m'en souviens. Attends un peu, vieux, je me souviens encore d'une chose : je me souviens d'un phonographe. Maman, je ne me la rappelle pas du tout. Je me souviens d'un policier en casque blanc et de glaces entre deux gaufrettes rondes. Je me rappelle aussi les batailles d'oreillers à l'orphelinat ; les oreillers volaient dans tous les sens comme des oies à la campagne. Tiens, je me souviens aussi un peu d'une maison de campagne et d'un lac, mais il n'y avait pas d'oies. Je suis sûr que toi, t'en as jamais vu, d'oies du continent, de ces oies blanches et grasses comme des oreillers.

— Quand viendras-tu, Valentin ? Viens donc t'installer ici, près de moi. Tu t'y connais en moteurs, en mécanique, tu trouveras un bon travail, tu te marieras…

Il a entrepris ça, maintenant. Dans chacune de ses lettres, il me propose d'aller le rejoindre. Comment veux-tu que j'aille là-bas, alors que je n'ai ni cravate ni guêtres et que je ne dispose pas du moindre sou ?

Si j'avais une valise ou deux de hardes, un livret de caisse d'épargne et une petite fiancée, une fille du genre de Lucia Kravtchenko, alors là je pourrais me pointer !...

Pourquoi m'a-t-il trouvé ? Pourquoi fallait-il que ce soit moi, précieux trésor, qu'il trouve, ce pauvre professeur ?

Tiens, Herri, ce môme sympathique, voilà qui il aurait dû trouver, il aurait eu un poète, au moins ! Regarde-moi ça, voilà les aigles qui défilent ! Le valeureux équipage communiste !

— Salut, matelots !

Ça alors ! T'imagines un peu ? Ça fait combien, d'ici à Moscou ? Dix mille kilomètres au moins ! Et voilà que j'entends la voix de mon père, et ça me prend à la gorge sans que je sache pourquoi.

— Bonjour, Valentin, me dit-il. Bon anniversaire !

— Bonjour, papa.

— Je vais te faire une surprise : je serai bientôt parmi vous.

– Vous dites ? – Je m'étrangle presque, et je me dis : "C'est pas possible, ça recommence comme en trente-sept !", et me voilà tout inondé de sueur.

— Je suis envoyé par ma société et par un journal. Je prends l'avion demain.

— Mais voyons, papa !

— Et puis il ne faut pas me dire "vous" !

— Il ne faut pas venir, papa ! Qu'est-ce qui vous prend, vous n'êtes plus très jeune.

Ça le fait rire :

— Tu sous-estimes mes capacités, mon garçon !

— Mais nous partons en mer, papa ! Ce n'est pas la peine de venir, je pars en mer.

Il ne dit plus rien, puis demande au bout d'un petit moment :

— Et tu ne peux pas retarder ton départ ? Tu ne peux pas demander à tes supérieurs ?

— Non, ce n'est pas possible.

— C'est bien triste.

Nouveau silence.

— Moi, il faut tout de même que je vienne.

Ah là là, professeur ! Nom d'une pipe, à quoi ça ressemble !

— Bon ! dans ce cas, papa, je vais essayer. J'obtiendrai peut-être une permission.

La lune voguait toutes voiles déployées, on aurait dit le bâtiment de chasse la *Flamme*, et j'avais l'impression qu'elle m'emportait loin de mes soucis.

J'avais terriblement envie de boire quelque chose, mais je n'avais qu'un rouble en poche.

Et voilà ; vous allez venir, papa, et vous allez tout découvrir. Je vous conseille encore de vous adresser au département des cadres, au camarade Ostachenko. Quelle idée j'ai eu d'aller chasser les castors du Kamtchatka avec ce Tatare ! Nom de Dieu ! J'étais presque redevenu un homme, je commençais à avoir quelque chose à me mettre sur le dos, je ne buvais plus…

Brusquement j'ai réalisé qu'un rouble, c'était dix roubles anciens.

A la Falaise, il y avait le maître d'équipage du *Sud* qui faisait la noce. Il avait déjà soûlé quatre gars, et il y en avait d'autres qui s'approchaient.

— Vas-y, toi aussi, la Racine ! m'a dit la serveuse, tu ne le regretteras pas.

J'ai sorti mon rouble, et je l'ai posé sur la table :

— Tiens, Raïssa, donne-moi ce que tu peux pour cette somme.

Elle m'a apporté cent grammes de vodka et un peu de salade de choux.

"Suffit comme ça, me disais-je, je me suis assez couvert de honte !"

Tout à coup, qui est-ce que je vois arriver dans la salle du restaurant ? Vovik. Il était en pelisse et en bonnet et n'avait donc même pas pris le temps de s'arrêter au vestiaire. Le voilà qui fonce vers moi.

— Branle-bas de combat, la Racine ! Rassemble les gars, tous ceux que tu connais, on file à Taly.

— Laisse-moi ! Fiche le camp ! Tu ne vois pas que je suis en train de manger ?

— Branle-bas, me chuchote Vovik, il y a un bateau qui vient d'arriver chargé d'oranges du Maroc.

— Fous-moi la paix ! Va voir dehors si j'y suis.

— Mais tiens, regarde donc !

Et le voilà qui entrouvre sa pelisse et qui me montre la merveille des merveilles : une orange.

— Tu peux toucher !

Je la touche. Effectivement, c'est une orange. Bon Dieu de bon Dieu, une orange !

— Qu'est-ce que tu veux que je fasse de ça ? J'ai des difficultés financières en ce moment.

Mais Vovik continue à tourner autour de moi comme une toupie :

— Je me charge de tout ! Allez, vas-y, rassemble les gars !

VI

NICOLAS KALTCHANOV

— Où est Katia ? m'a-t-il demandé.

— Elle descend.

Il s'est penché sur sa moto. Je me suis approché, et tout à coup il s'est à proprement parler jeté sur moi, et, m'attrapant par les revers de ma veste, il m'a susurré :

— Kaltchanov, laisse-la tranquille. Je te connais, espèce de voyou ! T'amuse pas à tes petits trucs d'étudiant. Je ne te le permettrai pas, je te taperai sur les doigts !

Même si son emportement et sa colère étaient feints, c'était du meilleur effet.

Puis il m'a abandonné d'une manière tout aussi soudaine pour se pencher de nouveau sur son engin. Katia arrivait en courant. Elle a fait un salut militaire à Serge :

— Je suis prête, camarade capitaine ! La passagère Pirogova est prête à prendre place dans le side-car.

Pour qu'elle n'ait pas froid, il lui a mis sa pelisse sur les genoux, sa pelisse "de travail", celle qu'il met pour faire ses tournées, celle qu'il a en particulier quand il apparaît sur notre chantier. Tous les chantiers de construction de Phosphatki, des Chlakobloki, de Pétrovo et de Taly connaissent la pelisse du camarade Orlov ; le littoral entier la connaît ; on la connaît même plus au nord, même à Oulékon.

En faisant le tour de sa moto, il m'a frôlé de son cuir crissant, et je lui ai dit :

— De la noblesse, encore de la noblesse, toujours de la noblesse !

Il ne m'a même pas gratifié d'un regard et s'est installé sur sa selle. Il y a eu un ronflement, et la moto a été toute enveloppée d'une fumée bleue. Brusquement, j'ai été pris de peur, je ne pouvais plus bouger. Je restais les yeux fixés sur Serge qui s'éloignait lentement, motorisé, armé de toutes les supériorités logiques, sur son crâne en forme d'œuf qui reluisait dans l'obscurité, sur Serge qui, preuves irréfutables à l'appui, emmenait Katia loin de moi.

Le jeune femme n'a pas eu le temps de se retourner que je les avais rattrapés et que j'avais bondi sur la deuxième selle. Nous avons passé le portail. Quand Katia a tourné la tête, j'étais déjà derrière Serge, tel un page fidèle.

J'ai murmuré à l'oreille de Serge :

— Vous êtes plein de noblesse, sir, gentleman jusqu'à la moelle des os, et ami admirable en plus ; à cent lieues à la ronde on n'en trouverait pas de meilleur.

Je ne sais pas s'il a entendu, bien sûr, avec son casque.

Il a effectué un demi-tour brusque, et, quand il est repassé devant chez lui, il avait déjà acquis une bonne vitesse. J'ai à peine eu le temps de faire un petit signe à Stassik et à Eddy qui se tenaient sur le pas de la porte.

Quelques minutes plus tard, nous roulions déjà sur la grande route. Serge était à la hauteur, on fonçait dur ! La lune tremblait au-dessus de nos têtes : quand, bondissant d'une fondrière, on se retrouvait sur une crête, elle sautait d'enthousiasme ; quand on se précipitait dans un trou sans ralentir notre allure, affolée, elle se jetait derrière les montagnes.

J'étais abasourdi par des craquements et des sifflements, et un vent violent me cinglait le visage. Je me tenais à la poignée, et je me tortillais derrière le large dos de cuir. Mais cela ne servait à rien, j'étais tout de même transpercé.

— Merveilleux ! hurlais-je à l'oreille de Serge, vive la vitesse ! Vive le XXe siècle, Serge ! Vas-y, fonce ! Le village est tout proche ! Tu es la gloire de notre époque ! À la fois sévère et gentleman ! Même ici, au fin fond de l'Extrême-Orient, pas question de rompre avec la civilisation ! Tout ce qu'il faut pour se sentir un homme : de la vitesse et de la musique de poche. Même sous l'eau, toi, tu ne perdrais pas tes moyens ; tu sais nager ! Magnétophone, shaker, tout ultramoderne ! Et un physique pas mal, en plus.

Et je répétais en détachant bien les syllabes :

— Et un phy-si-que pas mal…

Il n'entendait rien, bien sûr, avec son casque et vu la vitesse à laquelle on fonçait. Je n'aurais tout de même pas eu l'audace de lui dire des choses pareilles s'il avait pu m'entendre.

Katia était recroquevillée derrière son pare-brise. Tout à coup, elle s'est retournée vers moi et a pouffé de rire en laissant apercevoir ses dents. On ne voyait pas ses yeux que cachaient de très grosses lunettes. Remarquant sans doute que je commençais à me couvrir de givre, elle les a enlevées et me les a tendues. Je lui ai donné une petite tape sur la main. D'un air fâché, elle m'a tendu ses lunettes une seconde fois. Alors, lâchant son guidon, Serge a repoussé les lunettes, et, enfonçant son doigt de cuir dans la poitrine de Katia, il lui a dit :

— Remets ça !

J'ai hurlé à l'oreille de Serge :

— Tu es notre gloire !

Il n'entendait pas, bien sûr.

Katia a remis ses lunettes, et, d'un geste de la main, elle m'a fait comprendre qu'elle voulait fumer. J'ai tâté mes poches sans rien trouver ; j'avais oublié mes cigarettes. Alors elle s'est presque mise debout dans son side-car pour fouiller dans les poches de Serge. Cette fois, nous avons eu peur tous les deux, et nous l'avons repoussée vers son siège.

— Unissons nos efforts, Serge ! Les efforts communs sont toujours couronnés de succès.

Mais il n'entendait pas, bien sûr ! Il se dressait devant moi comme une tour, il me protégeait du vent et m'emportait à vive allure vers un futur obscur, il m'emmenait en Orangie.

On n'arrêtait pas de doubler des camions bondés de jeunes, et, devant nous, il y avait toujours de nouveaux feux arrière qui cahotaient.

Dans l'un des camions, quelqu'un nous a fait un signe. Quand nous avons été à sa hauteur, j'ai reconnu Vitka Koltyga, un foreur de l'équipe d'Arik.

— Salut, Vitia ! Toi aussi, t'as envie de t'offrir quelques pommes de terre du Maroc ?

Il a acquiescé avec un sourire radieux. Il est toujours radieux, ce gars-là, et il plaisante sans cesse. Quand il apparaît en ville, au retour d'une expédition, il joue toujours au grand voyou. Il se fait appeler Vik, et moi, il m'appelle Nik. C'est un marrant, quoi.

— T'as des cigarettes ?

Il m'en a lancé un paquet. Serge a accéléré, et on a doublé le camion. J'ai passé le paquet à Katia. A la façon dont elle avait regardé Vitia, j'ai compris qu'elle ne savait pas qu'il travaillait maintenant avec Arik. Quant à Tchoudakov, dans la cabine, elle ne l'avait même pas remarqué, j'en étais certain.

Katia a eu du mal, derrière son pare-brise, avec les cigarettes. Les allumettes s'éteignaient toujours. Elle a tout de même fini par en allumer une, mais il a suffi qu'elle se penche imprudemment pour que le vent la déchiquette, ne laissant derrière elle qu'une traînée de grosses étincelles. Elle a été obligée d'en allumer une autre.

La grande montée était terminée, nous descendions maintenant dans la combe de Mouraviev, et déjà, tout en bas, apparaissaient les lumières des Chlakobloki.

Katia se tenait d'une manière bizarre, un peu de côté, et elle nous regardait, tantôt l'un, tantôt l'autre. Ses lunettes brillaient, et on ne voyait pas ses yeux, mais ses lèvres avaient un sourire plein de sous-entendus. Elle avait une cigarette à la bouche, ce qui me la rendait comme étrangère ; je lui trouvais même quelque chose d'irréel, d'inventé ; l'air d'une vedette venue animer quelque réjouissance dans un pays de hautes montagnes. Elle était comme enfermée derrière sept murailles, et seuls le bout de son nez et son menton étaient à moi. A moi, ha ! ha ! ha ! à moi... Quelle situation, et comment en sortir ? Il paraît qu'une souris cybernétique trouve son chemin même dans un labyrinthe. Cybernéticiens, mes amis, mettez-moi au point ! Peut-être arriverai-je à m'en sortir, moi aussi ? Et si je me laissais tomber en arrière ? Ça mettrait fin à tout, au moins !

Une main de cuir s'est tendue, a arraché la cigarette de la bouche de Katia et l'a jetée par terre. Et j'ai crié à Serge :

— Ma joie ! Protecteur des femmes enceintes !

Il a brutalement tourné vers moi son visage protégé par d'énormes lunettes. Les lunettes ne brillaient pas, et j'ai vu, tout au fond, son œil se figer de fureur.

— Tu vas te taire, oui ou non ?

Il hurlait.

La moto a eu un hoquet, et elle est partie sur le côté. J'ai reçu un coup, et, avant d'avoir eu le temps de comprendre, j'ai vu les bottes de Katia qui passaient au-dessus de ma tête, puis j'ai senti que je m'envolais. Tout de suite après, j'ai atterri dans la neige, et le derrière en cuir de Serge s'est écrasé sur moi.

Je l'ai repoussé. Une seconde plus tard, nous étions debout l'un et l'autre. On enfonçait jusqu'à la ceinture. Avant même d'avoir eu peur, nous avons vu Katia qui se débattait dans la neige et qui riait. Couchée sur le côté dans une cuvette, le side-car en l'air, la moto tremblait d'une fureur difficilement contenue. Serge, sombre, resserrait ses houseaux.

— Imbécile, crétin ! Pourquoi as-tu emmené Katia dans le side-car ?

— Et toi, pourquoi ne m'as-tu rien dit ? Tu as pourtant la langue bien pendue quand il ne le faut pas !

Il m'a dit ça avec mélancolie, mais sans colère.

— Ah, si je ne me retenais pas !

— Et moi, donc !

Et il s'est dirigé vers la moto.

Katia venait vers moi, en écartant la neige de ses mains comme on écarte l'eau quand on va se baigner. Elle riait toujours.

— J'étais sur le point de me mettre debout pour donner un coup à Serge, brusquement j'ai senti que je m'envolais !

— Tu as trouvé ça marrant, hein ?

— Merveilleux !

C'était vrai, cette aventure idyllique sous un ciel profond et calme, avec pour fond des montagnes si pittoresques, nous avait mis en humeur de vacances ; on avait un peu l'impression d'être dans une station de sports d'hiver, et il était difficile de lutter contre cette impression, de lutter contre la bonne humeur étonnante de Katia.

"Pourquoi nous sommes-nous précipités comme ça ; pourquoi sommes-nous partis au diable, sans hésiter, sans réfléchir ? me disais-je, est-ce à cause des oranges ? Oui, bien sûr, mais il fallait qu'on aille quelque part, qu'on se plonge dans cette immensité gelée, qu'on s'envole de nos sièges, qu'on se sente pèlerins sur une grande route."

J'ai commencé à faire tomber la neige collée sur les vêtements de Katia ; elle tournait devant moi, et je lui tapais dessus. Soudain, s'étant assurée que Serge ne nous regardait pas, elle a pressé sa joue contre moi. Nous sommes restés comme ça une seconde, pas plus. Et derrière l'écran de ses lunettes, j'ai vu son regard qui fondait.

Serge m'a appelé :

— Kolka, viens m'aider !

Il fallait sortir la moto de la fondrière. Le camion de Tchoudakov est arrivé à ce moment-là, et il s'est arrêté. Vitka Koltyga et quelques autres sont venus nous donner un coup de main.

J'ai demandé à Vitka :

— Alors ? Comment ça se passe ? Vous espérez trouver du pétrole ?

Il a eu un geste de lassitude :

— Penses-tu, il n'y en a pas une goutte ! John Aïrapet s'entête. C'est le troisième puits qu'on fore dans cette maudite combe.

— Mais est-ce que c'est une région à pétrole, au moins ?

— La science le prétend, semble-t-il.

— La science, mon vieux, ça fait des couacs.

— C'est bien ce que je dis !

Serge était déjà sur sa selle, et Katia dans son side-car. Je me suis précipité.

— Tu restes derrière, d'accord ! ai-je dit à Serge, maintenant, tu as fait tes preuves, et tout le monde sait déjà que tu es un aigle. Tu t'appelles Orlov*, après tout.

Serge a appuyé sur le starter et arraché à sa machine des sons qui ressemblaient au tonnerre.

— Tu deviens bête ou quoi ? m'a-t-il lancé.

— Ne dépasse pas le camion, lui ai-je répondu, montre que tu sais prendre soin des enfants !

— Notre conversation n'est pas terminée, tu m'entends ! On n'en restera pas là.

Confiant, j'ai appuyé ma tête sur son épaule.

Il n'a tout de même pas doublé, et jusqu'à la mer nous avons eu devant nous la benne cahotante remplie de toutes sortes de gars au milieu desquels Victor Koltyga se sentait visiblement l'étoile, le chanteur de l'opéra de Milan.

Quand on suit cette route, la mer apparaît brusquement, dix kilomètres avant Taly. En été ou à l'automne, elle vous aveugle par sa couleur verte, si inattendue après le paysage de montagne. Elle n'est jamais calme, la mer, dans nos régions. C'est la vraie mer, et non une petite lagune : lourde masse d'eau verte et agitée, grondement à travers lequel parviennent des cris d'oiseaux, et du vent, toujours

* *Orlov* vient de *oriol*, l'aigle.

beaucoup de vent. Une mer comme ça, on a sans cesse l'impression qu'il va en surgir un dinosaure.

Là, on ne la voyait pas. On ne voyait que la banquise, toute blanche dans la nuit, mais qui n'allait pas tout à fait jusqu'au bout de l'horizon, et là où elle disparaissait, dans une obscurité d'encre, on entendait tout de même, bien que sourd, un bruit de vagues.

Il y a une branche d'un courant chaud qui débouche juste sur le port de Taly où la navigation est possible presque toute l'année ; avec l'aide de petits brise-glaces, bien sûr.

Nous étions maintenant à Taly et roulions dans sa rue principale et à vrai dire unique. C'est une petite ville originale, Taly, il n'y a pas à dire. Un côté de la rue est occupé par des maisons de trois étages, de l'autre, après des hangars bas, ce sont des quais et des bateaux éclairés, grands et petits. Et cette rue est toujours pleine de monde.

Les gens s'y promènent et courent dans tous les sens, réglant leurs mystérieuses affaires. Quand on y arrive tard le soir, on a toujours l'impression de débarquer à Liss ou à Zourbagan ou même à Helle-Hiou*. J'y étais déjà venu deux fois. Les deux fois, j'avais eu l'impression qu'il allait m'arriver quelque chose d'étonnant et d'inattendu ; et les deux fois, j'étais reparti avec la sensation d'avoir vu quelque chose me filer sous le nez.

* Liss, Zourbagan, Helle-Hiou : ports imaginaires des romans de l'écrivain russe Alexandre Grine (1880-1932).

VII

VICTOR KOLTYGA

A Taly, on avait l'impression que la rue entière était imprégnée d'une odeur d'orange. Çà et là dans la foule, on apercevait de braves citoyens en train de peler l'un de ces fruits "somptueux", selon l'expression de Kitchékian. Ils étaient sans doute trop impatients pour attendre d'être arrivés chez eux.

Nous avancions lentement, la chaussée était encombrée de véhicules. Dans le camion, les gars dansaient d'impatience. Quant à Iouri, on se demandait ce qui lui arrivait. Je le soupçonnais fort de n'avoir jamais mangé d'oranges auparavant. Pour ma part, j'examinais attentivement les passants pour essayer d'apercevoir Lucia. Herri en faisait autant. Nous étions par conséquent des rivaux. Des espèces d'Espagnols, en somme ; il ne nous manquait plus que la cape et l'épée !

Un camion était arrêté devant l'oprhelinat. On en déchargeait des caisses couvertes d'étiquettes aux couleurs vives, et, dans ces caisses, bien rangées l'une contre l'autre, *elles* étaient là. Le personnel au grand complet, en blouse blanche, se tenait sur le seuil de l'établissement les bras croisés et suivait les opérations d'un air solennel. Il n'y avait pas de lumière aux fenêtres : les enfants dormaient paisiblement sans se douter de ce que le lendemain leur réservait.

La rue était très éclairée, comme pour une fête. D'ailleurs, à Taly, il fait toujours clair. En effet, tout un côté de la rue n'est qu'une succession de navires, or la nuit on y travaille, et toute la nuit des lampes puissantes restent allumées.

— Alignement à droite ! ai-je crié, le voici !

Au-dessus du toit d'un hangar, on apercevait des ponts et des mâts, et, sur le côté, pointait le nez du responsable de toute cette fête, le nez du modeste navire *Le Kildin*.

— Hourra ! ont hurlé les gars. Vive le *Kildin* !

Les marins du *Sud* ont eu un ricanement ironique.

Nous sommes arrivés au magasin d'alimentation on ne peut plus à propos : juste au moment où, aidé par la milice, il fermait ses portes pour le repos légal de la nuit. Devant, la foule protestait, mais sans grande conviction. Il était évident que la plupart des gens avaient déjà réussi à satisfaire leur appétit d'agrumes.

Iouri faisait peur. Il était blanc comme un linge et m'enfonçait ses grosses pattes dans l'épaule.

— Doucement, Iouri, ne fais pas de la nourriture un culte ! – J'avais entendu cette phrase dans la bouche de Serge Orlov, un gars plein d'esprit. – Tu parles, disais-je pour essayer de le calmer, quelques malheureuses oranges ! Tiens, les pastèques par exemple, ça, c'est autre chose ! Tu en as mangé, des pastèques ?

— Moi, un jour, j'en ai mangé, a dit un marin que je ne connaissais pas.

Bref, dans nos rangs, l'enthousiasme était tombé.

Les portes de la cabine se sont ouvertes, et deux têtes se sont penchées vers nous :

— A défaut d'autre chose, ça nous aura toujours fait une petite balade ! a dit Tchoudakov.

— C'est ça, une bonne petite balade ! a conclu Evdochtchouk, et il a ajouté quelque chose que je ne répéterai pas.

— Qu'est-ce que je vois ? La panique à bord ? – J'ai pris un air étonné. – A vos places, et écoutez mon commandement. Cap dans cette direction ! – Et j'ai montré du doigt la cantine-restaurant *Le Phare*.

— Tu es un génie, Vitia ! s'est écrié Tchoudakov.

— … ! s'est écrié Evdochtchouk.

Et tous les deux sont remontés à toute vitesse dans leur cabine.

Le moteur a ronflé.

J'avais deviné juste : la cantine-restaurant *Le Phare* vendait des oranges à emporter. Le long bâtiment était entouré d'une queue assez mobile. Un accordéon se déchaînait, et, sur la neige tassée, des jeunes filles battaient la mesure. Lucia n'était pas parmi elles, bien sûr. Lucia ne danserait pas devant une cantine ; ce n'est pas son genre. Mais peut-être n'était-elle pas bien loin ?

La vente se faisait quelque part derrière le restaurant, et on ne voyait ni la vendeuse ni la balance. Mais, comme nous arrivions, un gars est apparu au coin du bâtiment, un sachet d'oranges sous le bras, et a foncé vers l'entrée principale. Il allait les arroser : riche idée !

Nous avons sauté du camion, et la queue en a été plus longue de six ou sept mètres. Eh bien, croyez-moi, c'était un véritable festival de chants et de danses !

"Que notre route est longue et dure…" chantaient des gars qui avaient un théodolite à la main. Un accordéon s'en donnait à cœur joie. Des jeunes filles dansaient, et leur visage était comme pétrifié et bleui par le clair de lune et par le froid. Il régnait un brouhaha assourdissant. Toutes les cinq minutes, les chauffeurs sortaient de la queue pour aller faire tourner leurs moteurs. Comme de bien entendu, un peu partout on en voyait qui jouaient "à la mouche". Des petits malins faisaient du football avec trois boîtes de conserve à la fois. Les chiens des Nanaïs aboyaient. Quant aux Nanaïs eux-mêmes, ils étaient occupés à faire un feu de camp ; ils sont décidément loin d'être bêtes, ces gens-là ! Une ronde tournait déjà autour de ce feu et des Nanaïs pensifs. Puis les intellectuels sont arrivés. Katia n'a fait ni une ni deux, la voilà dans la danse, et Nicolas Kaltchanov de lui emboîter le pas.

J'ai demandé à Serge :

— Fais donc marcher ton orgue de Barbarie !

Le camarade Orlov avait en effet un poste portatif autour du cou. Un pochard déambulait le long de la queue en grinçant des dents, on aurait dit un portail dans le vent. Parfois il s'arrêtait, titubait dans son long manteau qui descendait jusqu'à terre, nous regardait de ses yeux que des sourcils tout givrés faisaient paraître velus et rugissait :

— Vaillants Riourik* ! Une petite offrande pour un pauvre vieillard.

Serge a fait marcher son poste. Tout d'abord, ça n'a été que craquements et grésillements, puis ont crépité des signaux de morse (j'aime cette musique), enfin on a entendu quelques mots en japonais et une voix masculine d'une grande puissance a chanté : *"Do you ?..."*, etc. Elle chantait sur un rythme tantôt rapide et tantôt lent, elle se taisait parfois, et alors seul le piano se faisait entendre, puis elle reprenait d'un ton suave : *"Do you ?..."*, etc.

— C'est Frank Sinatra, m'a dit Serge.

Il s'est détourné et a levé les yeux au ciel.

Katia et Nicolas dansaient tout près de nous. Dansaient-ils au son de l'accordéon ou suivaient-ils le rythme de notre sénateur ? C'était difficile à dire. On avait l'impression qu'il leur était arrivé quelque chose.

Bazarévitch m'a glissé à l'oreille :

— On dirait que notre Catherine prend un certain plaisir à danser avec Kaltchanov. Je ne sais pas, mais ça ne me plaît guère ; Vitia, je crains que notre Kitchékian...

— Tais-toi donc, lui ai-je répondu, qu'ils dansent, ils ne font de mal à personne.

Je voulais essayer de retrouver Lucia. Je sentais qu'elle était quelque part dans les parages. Pourquoi

* Riourik : premier prince de la Russie kiévienne.

ne danserais-je pas avec elle, moi aussi, par ce petit froid piquant ?

J'allais partir, mais juste à ce moment-là est arrivé un MAZ-69 et d'autres gourmands sont venus se joindre à nous.

L'un d'entre eux a demandé :

— Qui est le dernier de la queue ?

— C'est nous, lui ai-je répondu, mais on a des camarades qui nous ont demandé de leur garder une place. Il vaut mieux que vous le sachiez. Il y a peut-être bien une autre cohorte qui va se pointer.

— Nous aussi, on nous a demandé de retenir une place, a ajouté un marin, les gars du *Nord* vont venir.

— D'accord, ont dit les nouveaux arrivants, mais est-ce qu'il y en aura assez pour tout le monde ?

— Ça, c'est la question des questions ! Mais vous, vous venez d'où ?

— On est d'Oulékon.

— Eh bien ! les amis…

C'est tout ce que j'ai réussi à dire.

Ils venaient d'Oulékon, Seigneur ! Je les connais, ces coins-là ; là aussi j'ai traîné mes chausses ! En ce moment, là-bas, je parie qu'on ne peut même pas mettre le nez dehors, tellement ça souffle ! Tous les matins, il faut dégager sa porte et faire des tranchées. Ici aussi, il arrive des choses des fois, mais est-ce qu'on peut comparer le littoral à Oulékon ?

— Nous sommes venus chercher du matériel, m'ont expliqué les gars, et nous avons appris qu'il y avait des oranges.

Là-bas, pour se protéger du scorbut, on n'a que toutes sortes de saletés en flacons. Il paraît que ça agit. En plus, on se régale de quelques vitamines en dragées.

— Venez, les gars, leur ai-je dit, venez, suivez-moi !

Nos gars ont compris, et ils nous ont aidés à nous frayer un chemin. Derrière le bâtiment, à même la neige, il y avait des caisses d'oranges vides. Deux femmes emmitouflées d'une manière indescriptible officiaient devant la balance. La première pesait, la seconde s'occupait de l'argent. Plusieurs gros durs surveillaient pour que tout se passe en bon ordre.

J'ai hurlé :

— Dites, les beautés, est-ce qu'il y en aura pour tout le monde ?

En guise de réponse, l'une des vendeuses a crié :

— Dites à ceux qui sont au bout de la queue que ce n'est pas la peine d'attendre.

— Attendez-moi là, les amis ! – Et je me suis enfoncé dans la foule.

Quand je suis arrivé tout près de la balance, j'ai dit aux premiers de la queue :

— Ecoutez, les gars ! Il y en a ici qui viennent de loin ; ils viennent d'Oulékon !...

La foule gardait un silence tendu, elle oscillait. Si près du but, personne n'avait plus envie ni de danser ni de chanter, bien sûr. Tous ceux que je regardais détournaient les yeux, mais je continuais à les fixer de mon regard incendiaire.

Un gars, faible de caractère, n'a pas supporté l'épreuve.

— Et alors, qu'est-ce que tu veux dire par là ? a-t-il fini par lâcher.

— Ils sont d'Oulékon, tu as compris ? Tu sais ce que c'est, Oulékon ?

— Va donc, tu n'es pas d'Oulékon, tu es de Phosphatogorsk, je te connais ! a dit le faible de caractère d'une voix aiguë.

— Imbécile ! Moi, je fais la queue, n'aie pas peur ! Je ne prends rien !

J'ai sorti mon stylo, enlevé le capuchon, et je le lui ai mis sous le nez ; les types comme ça, il faut toujours leur fourrer sous le nez une preuve matérielle, ça les calme !

— Tiens, regarde !

La foule a commencé à s'agiter :

— Qu'on les serve !... Après tout !... Et zut, ils vont pas... Tais-toi, toi !... Qu'on les serve !

Moi, je me suis approché des caisses vides. Elles portaient des étiquettes avec des oranges qui se détachaient sur un fond de palmiers jaunes, à droite on voyait un minaret blanc et une inscription en anglais disait : “Produit du Maroc”.

J'ai décollé une étiquette avec mon couteau, et je l'ai glissée dans ma poche.

Je ne sais pas si j'aurai des oranges, me suis-je dit, mais j'aurai en tout cas un petit souvenir.

Quand le premiers gars d'Oulékon s'est extirpé de la foule avec son sachet sous le bras, je me suis approché de lui et je lui ai pris une orange.

— Ce sont mes honoraires, *signor*.

Je lui ai fait un profond salut, et je l'ai regardé bien attentivement pour voir s'il n'était pas trop fâché.

Il m'a souri :

— Prenez-en une autre ! Franchement, nous vous sommes si reconnaissants !

— Oh, que non, *signor*, lui ai-je répliqué, là, ça dépasserait les bornes !

Je suis retourné vers mes amis, et, attirant Ioura à l'écart, je lui ai proposé d'aller boire un verre de bière. De l'autre côté de la place, il y a une espèce de hangar qu'on appelle pompeusement "le bar". Ioura a accepté, et nous sommes partis.

Il était très inquiet, se demandant s'il y en aurait assez pour tout le monde ; non, il n'y en aura probablement pas assez, disait-il. Moi, je tâtais dans ma poche la petite orange du type d'Oulékon.

— Toi, mon garçon, on dirait que tu n'en as jamais mangé.

— Mais si, voyons ! Et comment, que j'en ai mangé ! Je me souviens…

— Tais-toi donc, je connais ta biographie, va !

Je lui ai tendu l'orange.

Quand j'ai vu la façon dont il s'y prenait, j'ai compris que je ne m'étais pas trompé.

Nous étions sur une pctite colline, et à nos pieds s'étirait toute la baie de Taly. La banquise broyée par les brise-glaces avait un éclat mat, et sous les projecteurs l'eau noire semblait fumer. Un avion de l'inspection côtière, qui de là ressemblait à un autobus, survolait la mer à très faible altitude. Par moments, l'obscurité d'encre était traversée par un phare qui ouvrait son œil rouge au chiffre 16.

1, 2, 3, 4, 5, 6 (où est Lucia ?), 8, 9, 10 (où est-elle donc ?), 12, 13, 14, 15, 16 !

— J'en ai déjà mangé, les gars d'Oulékon m'en ont donné.

Le "bar" ressemblait à un vieux wagon qui aurait été enlevé de ses rails, et par les petites fenêtres on voyait que les corps humains y étaient soumis à une véritable opération de pressage. Un groupe de dockers pas tellement important, mais énergique, "barattait du beurre" devant la porte.

J'ai dit à un petit costaud d'un certain âge :

— Eh bien, c'est toujours comme ça, chez vous ?

— Ça encore, c'est rien, on a de la veine !

— Chez nous, à Phosphatki, on a de la bière autant qu'on en veut ! a dit Ioura.

Il sentait bon le chaud Midi.

— Tu sais pourquoi c'est comme ça ? a dit le docker avec un clin d'œil plein de ruse. C'est parce que Phosphatki, c'est Phosphatki, et que Taly, c'est Taly !

— C'est évident.

— Tout le problème est là ! – Et le docker nous a jeté un regard rempli d'une légitime fierté.

— Viens donc, Ioura, on va plutôt aller boire un verre de champagne, c'est plus accessible.

1, 2, 3 (où la chercher ?), 5, 6, 7 (elle va apparaître), 9, 10, 11 (quand je serai à seize), 13, 14, 15…

La voilà !

Effectivement, c'était elle. Elle se tenait au milieu d'un groupe de filles et me regardait du coin de l'œil. Elle avait un châle blanc et de grosses bottes de feutre. Est-ce qu'elle est faite pour porter des bottes de feutre ?

16 !

Son regard était timide, et je crois même un peu apeuré ; elle ne m'avait jamais regardé comme ça. Peut-être pensait-elle…

VIII

LUCIA KRAVTCHENKO

Quand j'ai vu Vitia, je me suis dit : "Est-ce possible que ce soit lui ?" Il était là devant moi, si grand, si svelte avec ses yeux bleus, et il me regardait en souriant. Il ressemblait étrangement au gars de Krasnodar qui m'avait souri en mâchouillant sa feuille de platane, l'index contre sa tempe parce qu'il pensait que j'étais folle. C'était peut-être lui, après tout ? Puisqu'il était de Krasnodar, lui aussi. Non, à l'époque il n'était pas dans sa ville natale. A l'époque, comme il le dit si bien, il roulait sa bosse dans la région de Kolyma.

C'est peut-être une illusion d'optique, me disais-je tandis qu'il venait vers moi. C'est peut-être parce qu'il vient d'en haut qu'il me paraît si grand ! C'est peut-être à cause de cette soirée pas comme les autres ! Peut-être parce que je suis ivre d'oranges !

Quand il va me prendre dans ses bras et me serrer contre lui, comme tout disparaîtra et comme j'étoufferai tandis que les ombres des arbres danseront au plafond…

Il venait vers moi. Il n'avait que quelques pas à faire, mais il a suffi de ces quelques secondes pour que toute notre vie future défile en trombe devant mes yeux.

Tic-tac, tic-tac, la nuit j'écouterai le bruit du réveil. Je pleurerai peut-être en pensant à des choses que j'aurai perdues, des choses que je ne regretterai pas d'ailleurs, mais pourquoi ne pas verser quelques larmes quand on est heureux ! Tic-tac, tic-tac, je verrai arriver mon fils, un grand gaillard aux yeux bleus ; il entrera dans la pièce, une feuille de platane à la bouche.

Victor, enfonçant dans la neige jusqu'aux genoux, s'est approché de moi :

— Alors, camarade Kravtchenko, comment va le travail ?

— Merci, ça va. Nous aurons bientôt construit une nouvelle école. Et vous ?

— *Que quik !*

— Vitia, vous n'avez pas honte ! Quelle expression !

— *Excuse-me, miss !*

— Vous vous êtes mis à l'anglais ?

— Je fais un peu de tout, moi ! de l'anglais, du japonais !…

— Non, sérieusement, comment ça marche ?

— Eh bien, nous sommes là dans ce vallon pouil… dans ce pittoresque vallon. Nous avons déjà foré trois puits, et toujours rien. Donne-moi tes petites mains. Oh là là ! qu'elles sont rêches !

— Voyons, mais vous êtes fou ! Lâchez mes mains !

— Et comment marchent les études que vous poursuivez parallèlement à votre travail ?

— Pas mal, merci. Et vous, votre métier vous plaît ?

— Il y a autre chose qui me plaît ; ce qui me plaît, c'est…

— Voulez-vous vous taire ! Je vous interdis…

— Quelles mains vous avez ! quelles mains !… Et où en sont vos activités sociales ?

— Ça va, merci. Comme vous êtes mal agencé, Vitia…

— Ainsi, tout va bien ! Ah, oui, et la danse ?

— Ça marche, merci. J'ai envie d'essayer la danse classique.

— Vous avez un corps qui s'y prête, c'est vrai. Il te faudrait une tunique gréco-romaine, petite fille. Tu es faite pour courir dans les prés et les bois en tunique…

— Allons, arrêtez. Je vais me fâcher. On nous regarde.

— "Ils se promènent ensemble par les bois, les champs et les collines, tra la la, tra la la, tra la la…" Tu es fâchée ? Ça y est ! Il ne faut pas te fâcher. Je parle sérieusement. Je t'aime. Tu es mon unique. A quand la noce ?

— Qu'est-ce que vous racontez, Vitia ? Vous ne savez plus ce que vous dites ! Nina, Nina ! Attends-moi ! Pourquoi te sauves-tu ?

— Et en sport, camarade Kravtchenko, où en êtes-vous ? Vous ne faites pas de sport ? C'est pas possible ! Une jeune communiste harmonieusement développée se doit de faire du sport, elle doit sauter plus loin que les autres, courir plus vite que les autres…

— Faites connaissance : voici ma camarade Nina.

— Enchanté, Ninotchka ! Victor Alexéévitch Koltyga, foreur, pour vous servir. Je pense que vous êtes comme votre amie, forte en tout. Alors, Lucia, où en êtes-vous en sport ? Il ne faut pas laisser tomber ce genre d'activité.

— J'ai l'intention de me mettre au ski.

— Je l'ai entendu dire en effet. Vous voulez faire du combiné ?

— Oui, justement !

— Ce n'est pas une bonne idée, camarade Kravtchenko. Dans ce domaine, vous n'arriverez à rien. Vous feriez mieux d'essayer le hockey. Vous pouvez vous faire une crosse vous-même. Ou alors le basket ? Ça, c'est une idée ! Il faut faire du basket. Pour ce qui est de la technique, je m'en charge. Rey Meyer a un ami qui est de l'université de Saint-Paul, il…

Et il s'est mis à nous parler de basket, puis de football, puis des façons de compter dans les différents sports, puis de je ne sais plus quoi d'autre. On aurait pu croire qu'il était un éminent spécialiste. La première fois que je l'ai vu, il m'a raconté des choses terriblement difficiles à comprendre sur le cosmos, une autre fois il m'a parlé de la Roumanie pendant toute une soirée, on aurait dit qu'il y avait passé la moitié de sa vie. C'est un garçon très instruit ; on se demande même pourquoi il n'est que foreur.

Nous traversions lentement la place en direction du restaurant *Le Phare*. Victor faisait de grands gestes, et Nina, perdue de stupéfaction, ne le quittait pas des yeux. C'est à ce moment-là que j'ai aperçu Herri Kovalev.

— Bonjour, Herri !
— Salut !
— Il y a longtemps que vous êtes à terre ?
— Non, il n'y a que quelques jours.
— Qu'est-ce que vous avez ? Vous ne vous sentez pas bien ?
— Si si, ça va.
— Faites connaissance. Je vous présente Victor…
— Nous nous connaissons.
— Et voici Nina, ma meilleure amie. Nina, je te présente Herri Kovalev. Il est marin et… Je peux le dire ?
— Vous pouvez.
— Il est aussi poète.
— Ninotchka, tu ne pars pas sans moi, hein ? Herri, nous nous reverrons, n'est-ce pas ?

Je suis restée seule avec Victor, et, tout à coup, il s'est arrêté de parler, il a cessé de raconter des histoires sur le sport. Je l'ai entendu qui sifflotait tout bas, puis il a allumé une cigarette, et je crois même qu'il a rougi.

— Victor, qu'est-ce que vous vouliez me dire ?
— Je l'ai déjà dit.

Soudain j'ai perdu la tête ; j'ai perdu la tête, et j'ai tout perdu. Emporte-moi au-delà des monts et des montagnes, au-delà des lacs bleus, dans un royaume enchanté. Mes jambes se dérobaient. Je l'ai attrapé par un bouton :

— Redis-le-moi !
— Je te le redis.

— Encore une fois ! Je t'en prie, encore une fois !

— Tu… tu… tu…

— Où pourrait-on aller ?

— Viens par ici !

— Là ?

Je suis partie en courant, et il m'a suivie. Nous nous sommes cachés derrière des sapins. Lui, bien sûr, il est tout de suite devenu entreprenant, moi, heureusement, j'ai un peu retrouvé mes esprits, et brusquement j'ai repensé aux oranges. J'ai choisi la plus grosse, et je la lui ai tendue.

— Si nous la mangions ensemble ? Tu veux bien ?

— D'accord. Mangeons-la ensemble.

— Tu sais les peler ?

Soudain quelqu'un a dit tout près de nous :

— C'est bien ça, dégustation symbolique du fruit.

C'était Kolia Kaltchanov. Il était là accompagné d'une très belle fille en pantalon.

— Alors, et la queue pour les oranges, elle avance ? lui a demandé Victor.

— Oui, Adam, elle avance.

Je n'étais même pas confuse. Je me suis serrée contre Victor, et j'ai dit à Kolia :

— Kolia, j'avais tort au sujet de votre barbe. Gardez-la si ça vous fait plaisir.

Kaltchanov m'a saluée bien bas :

— Je te remercie, Eve.

Il m'a tutoyée, et je ne me suis même pas fâchée.

IX

HERMAN KOVALEV

Son regard était tout de même triste. Mais cette tristesse n'était pas à moi. Elle n'avait absolument rien à voir avec moi.

Ils venaient dans notre direction : Victor faisait de grands gestes, Lucia lui jetait des regards tristes, et un petit bout de femme qui trottinait à leurs côtés le fixait de ses yeux écarquillés.

— C'est elle, la grande.

— Celle-là ? et Boris a avancé sa lèvre inférieure. Bah ! c'est une fille comme les autres.

— Des comme ça, il y en a des masses, a dit Ivan, à Vladimir tu peux en trouver à la pelle. Tu te promènes dans la rue, tu en croises une première, une autre, puis encore une autre… T'en as même le vertige !

Mes camarades faisaient les malins, ce qui ne m'empêchait pas de voir tout de même l'impression qu'elle avait produite sur eux.

— Si tu veux, on peut s'en mêler, m'a proposé Boris à voix basse.

Bien sûr, que quelqu'un pouvait s'en mêler. Dans les soirées dansantes, ça se fait. On prend le garçon à part : “Excusez-moi, je voudrais vous dire deux mots. Ecoute, vieux, tu ferais bien de te tirer de là. – Pourquoi ? – Ta coiffure ne me plaît pas. Allez, déguerpis, et un peu vite ! Les gars, il a l’air de ne pas comprendre !” Et déjà les copains sont là, et ça commence. C’est idiot, tout ça. Il n’en sort rien de bon. D’ailleurs, à y réfléchir, c’est pas joli joli, malgré la solidarité, “tous pour un…”. En plus, Victor Koltyga, c’est un gars bien. Est-ce sa faute, s’il est mieux bâti que moi ? S’il est d’un âge plus respectable, et si sa profession est à terre ? Les marins n’ont jamais de chance en amour.

Lucia a levé les yeux et a sursauté en m’apercevant. Puis elle s’est approchée et s’est mise à bavarder à tort et à travers ; comme si elle n’avait jamais reçu une seule de mes nombreuses lettres, un seul de mes vers. Je répondais d’un air détaché, en pesant bien mes mots. Tant pis, me disais-je, les points sur les *i* seront mis, demain nous partons en mer…

Cependant, fort adroitement, elle m’a refilé sa petite amie, et je l’ai vue qui s’éloignait avec Victor, bord contre bord.

— C’est vrai que vous êtes poète ? m’a demandé la petite bonne femme.

— Et comment que c’est vrai ! Pour être poète, je suis poète ! Mais qui a besoin d’un poète comme moi ?

Lucia et Victor, qui marchaient maintenant derrière les sapins, n’étaient presque plus visibles.

Boris et Ivan, qui s’étaient éloignés de quelques pas, dressaient leur pouce d’un geste admiratif en me désignant le petit pot à tabac : “Ça, c’est une fille, avaient-ils l’air de dire, ne perds pas le nord, mon garçon !”

Je l’ai regardée. Elle luttait contre les frissons. Elle avait froid, bien sûr, avec son petit manteau élégant. Un manteau sac, resserré vers le bas, avec une large martingale très basse. Quant à son petit visage, il était maigre et bleu, à cause du clair de lune probablement ; nous avions sans doute tous le visage bleu. Elle se mordillait les lèvres comme pour ne pas pleurer. J’ai ressenti de la pitié pour elle, et, tout à coup, j’ai compris qu’elle et moi, nous avions quelque chose en commun.

— Il n’y a pas longtemps que vous avez quitté l’Europe, sans doute ?

— Je suis arrivée à l’automne, a-t-elle balbutié.

— Vous êtes de quelle région exactement ?

— De Léningrad.

Elle m’a jeté un regard par en dessous, la lèvre mordue, et j’ai tout de suite compris ce qu’il en était. Je n’étais pas à ses yeux ce que j’étais aux yeux de Lucia. A ses yeux, j’étais un colosse en veste de cuir ; à ses yeux, j’étais ce qu’était Victor aux yeux de Lucia : un grand gars, fort comme un Turc, et qui avait tout vu, et elle me cherchait, toute tremblante à l’idée de pouvoir me manquer.

Je me suis dit qu’après quelques modifications de détail, mes vers pourraient parfaitement lui convenir, et qu’elle au moins, j’en étais sûr, saurait les apprécier.

— Comment vous appelez-vous, déjà ? Je n’ai pas bien compris tout à l’heure.

— Nina.

— Moi, je m'appelle Herri.

— J'avais compris.

— Vous êtes gelée ?

— Non, ça va…

— Nina !

— Quoi, Herri ?

— Je fais la queue là-bas, pour des oranges.

— Moi, j'en ai déjà. Vous en voulez ?

— Non, je préfère vous offrir des miennes tout à l'heure. Dites, Nina, ne disparaissez pas dans la nature, d'accord ?

— D'accord. Je reste par là. Je vais courir un peu avec les filles.

— D'accord. Après ça nous irons au restaurant, nous essayerons de danser.

— De danser ?

— Il y a un poste de radio.

— C'est vrai ?

— Alors, c'est convenu ? Vous ne disparaîtrez pas ?

— Mais non, voyons ; mais non !

Elle s'est sauvée. Et moi, en la regardant partir, je me suis dit qu'elle au moins n'allait pas disparaître, j'en étais sûr ; que j'allais pouvoir changer de bobine pour le film de mes nuits, et que ce nouveau film allait peut-être être plus gai. Je me suis dirigé vers la cantine. De loin déjà, j'ai vu que la queue avait beaucoup progressé.

Chemin faisant, j'ai aperçu le jeune correspondant de presse. Il était en train de photographier les

Nanaïs près de leur feu de camp ainsi que la ronde qui tournait autour d'eux. J'ai attendu qu'il ait terminé, et je me suis approché.

— Alors, camarade correspondant, des masses d'impressions ? lui ai-je demandé.

— Tout un wagon !

— Et quelles sont vos conclusions ?

— C'est bien, chez vous, m'a-t-il répondu avec un sourire un peu timide. C'est comme ça !

— C'est bien ? ai-je fait, étonné. Qu'est-ce qui est bien ?

— Oh, ce n'est peut-être pas le mot qui convient, mais c'est formidable ! "Bien" n'est peut-être pas le mot. Je reviendrai en été. Vous m'emmènerez en mer ?

J'ai éclaté de rire.

— Pourquoi ris-tu ? – Il était surpris.

— Vous ne seriez pas écrivain, par hasard ?

Il s'est renfrogné :

— Pour le moment, vieux, je ne suis encore qu'un tout petit écrivain.

— Vous n'avez pas écrit beaucoup ?

Il a ri :

— Pas beaucoup, non. Autant dire rien. Je suis sûr que vous avez écrit plus que moi, Herri, en dépit de votre jeune âge.

— Vous connaissez des poètes ?

— Quelques-uns.

Je lui ai demandé pour rire :

— Et Evtouchenko, vous le connaissez ?

— Evtouchenko, oui.

J'avais envie de lui dire : "Assez raconté d'histoires !" Tous les types qui arrivent de l'Ouest "connaissent Evtouchenko". C'est marrant, non ?

A ce moment-là, j'ai aperçu notre Volodia Sakounenko. Il était toujours avec la jeune femme ; elle ne voulait pas le lâcher et le harcelait de questions.

— Eh bien, votre jeune collègue ! me suis-je écrié.

Le correspondant de presse s'est rembruni :

— Oui ; elle, tu sais…

J'ai crié au capitaine :

— Vassilitch ! Alors, qu'est-ce qu'on sait au sujet de notre départ ?

— Dis aux gars de ne pas s'inquiéter ; on ne prend la mer que dans deux jours.

— Et on va où ?

— Pêcher la saïra.

— On y retourne, c'est pas mal.

— Vous retournez au large de Chikotan ? m'a demandé le correspondant.

Tout à coup, nous avons entendu des cris : une bagarre avait éclaté dans la queue. J'ai entendu Boris qui criait :

— Le *Sud*, à moi !

Et je me suis précipité. Tout en courant, j'arrachais mes gants.

X

NICOLAS KALTCHANOV

Les danses en Orangie ! C'est ainsi que doivent être les danses au clair de lune ; vas-y, accordéon, mets-en un coup ! Elles sont effrénées, les danses dans la plaine Orangie, au pied des montagnes Orangie, aux confins de la planète Orangie, tandis qu'au-dessus des têtes folles des danseurs passent en sifflant des oranges spoutniks.

Si seulement on avait été la veille ! Comme les choses auraient été gaies et naturelles, nom de Dieu ! Kolka Kaltchanov, le diable barbu, dansant avec Katenka Kitchékian, née Pirogova, l'ami du mari avec la femme de l'ami, tandis qu'un autre petit ami exécutait un solo sur son transistor. Du vrai délire !

Oh ! non, pas du tout, ça ne sentait pas le mélodrame. Tout allait très bien, mais il aurait tout de même mieux valu que l'on soit la veille.

Soudain les danses se sont arrêtées, et Katia a aperçu Tchoudakov.

— Tchoudakov ! Tchoudakov !

Il s'est approché d'elle et lui a donné une poignée de main.

— Alors, ça avance ? lui a-t-elle demandé.

— Comme ça ! a marmotté le jeune foreur, on achève de creuser le troisième puits.

— Déjà ? a fait Katia, étonnée.

Tout à coup, elle nous a regardés, Serge et moi, puis, prenant Tchoudakov par le bras, elle l'a entraîné à l'écart.

Elle paraissait toute petite à côté de ce grand gaillard mal bâti. Le feu de camp, qui était juste derrière eux, les éclairait très joliment. Elle faisait de grands gestes et hochait la tête d'un air sérieux. Sans doute était-elle en train de poser mille questions sur son Arik, s'il mangeait bien, s'il dormait, etc.

Arik, ou Aïrapet, et moi, on est amis de la façon suivante : on n'a jamais particulièrement envie de se voir, mais quand le hasard nous met en présence, on n'a plus envie de se quitter.

En plus je garde le souvenir d'un soir précis : les bruits de la ville s'étaient tus, mais des odeurs infectes montaient encore de l'asphalte et s'échappaient des portes cochères ; autour des distributeurs automatiques, des flaques collantes d'eau gazeuse clapotaient sous nos pas et une réclame au néon oubliée restait accrochée dans le ciel clair ; je m'étais mis à évoquer des problèmes très personnels, et Arik devinait tout, comprenait tout, et sa mélancolie avait quelque chose de très amical. Tous mes amis sont copains avec lui, et moi, je suis copain avec tous les siens.

Où et quand il a rencontré Katia, je n'en sais rien. Moi, c'est dans l'avion que je l'ai vue pour la première fois. Arik m'avait téléphoné la veille du départ : "Si on prenait l'avion tous les trois ?

– Tous les trois ? – Oui, j'emmène ma vieille. – Ta vieille ? – Ma femme, quoi ! – Ah bon, tu t'es marié ? – On fera ça sur place, on n'est pas encore passés à la mairie."

C'est ainsi qu'on avait fait treize mille kilomètres ensemble. En changeant d'avion trois fois : de Léningrad à Moscou on avait pris un TU-104, de Moscou à Khabarovsk un TU-114 et de Khabarovsk à Phosphatki un IL-14. Ils m'avaient appris à jouer à la canasta, et je m'étais montré si bon élève qu'au-dessus de Sverdlovsk je faisais déjà sauter toutes les banques. J'avais du jeu, et je me passionnais ; j'en oubliais de faire de l'œil aux hôtesses de l'air, et je ne m'étonnais même pas des regards que me jetait Katia ; je gagnais, je gagnais sans arrêt.

Au-dessus de Tchita, Arik nous avait laissés un instant. Nous avions posé les cartes, et j'avais dit à Katia :

— Quelle fille vous êtes !

— Comment ça ? – Elle ne comprenait pas.

— J'en ai jamais vu des comme vous, vous êtes un phénomène rare.

Et j'avais continué sur ce ton, simplement pour dire quelque chose en attendant qu'Arik revienne. Ça l'avait fait rire, et je lui avais plu.

En somme, ce n'est que plus tard que tout avait commencé ; ce n'est que plus tard qu'avait commencé ce qui était en train de se terminer.

Serge, les mains enfoncées dans les poches, une cigarette éteinte à la bouche, était adossé au mur du restaurant ; il couvait Katia d'un regard tragiquement sombre. C'était un homme, bien sûr. Tout en lui avait l'air de dire : "Je suis un homme, je souffre, mais pas un son ne franchira mes lèvres ; c'est comme ça que nous sommes, nous les hommes." Une seule chose était à déplorer : le transistor ne jouait pas un air de circonstance : une mijaurée quelconque roucoulait en effet *"Hello ! ah... oh... No-no !"*. Bizarre, il ne s'était pas choisi un fond sonore *ad hoc*. *Sixteen Tons*, par exemple, aurait convenu davantage, ou quelque chose dans ce goût-là, quelque chose de mâle.

Je me suis approché de lui, et, tout en examinant son visage à la dérobée, j'ai commencé à tourner le bouton du transistor.

— C'est pas mieux, ça ?

"Quel être perfide et odieux je fais, me disais-je en moi-même, peut-être qu'il souffre pour de bon, après tout."

Sans bouger et sans me regarder, il a articulé avec effort :

— Si tu veux, on peut causer ; causons tant qu'elle n'est pas là.

— On a déjà causé, tout est clair...

Alors, détournant brusquement son visage, il a bredouillé :

— Je l'aime.

J'ai fait ouf : tout s'éclairait. Serge souffrait, bien sûr, mais comme ses souffrances lui étaient agréables ! Comme tout était réglé, du vrai papier à musique !

— Il n'y a rien d'étonnant à cela, ai-je dit pour le calmer. La moitié de Phosphatki et le tiers des gars du littoral sont dans le même cas, et même à Oulékon j'en connais plus d'un dont le regard s'allume de convoitise quand on parle d'elle.

— Toi aussi ? m'a-t-il demandé avec beaucoup de douceur.

Et je me suis exclamé d'un ton joyeux :

— Mais bien sûr, voyons !

Bon. Ça avait marché. Le tour était joué.

Serge s'est tourné vers moi et a posé ses deux mains gantées de cuir sur mes épaules.

— Essaye de comprendre, Kolka, moi, c'est sérieux ; c'est trop sérieux pour qu'on en rigole.

Quelle misère ! Voilà bien une histoire du Sud, ça encore ! Deux gars du même pâté de maisons, l'un fort comme un Turc, il fallait bien qu'il tombe amoureux !

Cependant, j'ai failli m'étrangler de colère. Espèce d'esquimau à la vanille, que j'avais envie de lui crier. Toi, c'est sérieux ; tandis que la moitié de Phosphatki, le tiers des gars du littoral et les autres d'Oulékon, c'est pas sérieux, hein ! Moi, c'est même pas la peine d'en parler. Tu connais si bien mes frasques d'étudiant, tu me connais comme si tu m'avais fait ; alors, moi, Katia, je m'en fous, mais voyons ! Toi, tu ne t'en fous pas ; toi, c'est sérieux !...

— Oui, je comprends, lui ai-je dit, tu souffres.

— C'est pour ça, vieux, que tout à l'heure... Il ne faut pas...

— Mais non, voyons, je comprends... Tu as de la peine...

— Et elle…

— Elle, elle n'aime que son mari, ai-je répliqué avec peut-être un peu plus de hâte qu'il n'en aurait fallu. Je ne sais pas si elle l'aime, mais elle… D'ailleurs tu le sais bien… – et j'ai baissé les yeux :

— Oui, je sais.

— Tu souffres, Serge !

Alors, il m'a tendu une cigarette et a sorti son magnifique briquet Zippo équipé d'un coupe-vent. La flamme a éclairé nos visages tristes, les visages de deux pauvres gosses du même pâté de maisons ; et au moment le mieux choisi et avec toute la dignité qui convenait à la situation, nous en avons allumé une.

— Qu'est-ce qu'on fait dans ces cas-là, Kolka ? a demandé Serge. On se met à boire ou quoi ?

— Soit on se met à boire, soit on se jette à corps perdu dans le travail, et il est communément admis que la seconde solution est de meilleur profit.

Tout à coup il a éteint son transistor et m'a regardé dans le blanc des yeux. Il venait sans doute de réaliser que nous n'étions pas vraiment du même pâté de maisons, qu'il n'était pas le favori des masses, qu'il avait tort de croire à ma sympathie et que toute cette conversation “entre hommes” n'était qu'un sketch ridicule ; il venait sans doute de réaliser que moi…

Je n'ai pas détourné les yeux, et je n'ai pas ricané ; j'ai compris que notre conversation allait prendre un autre tour.

Quand la musique s'est arrêtée, cette stupide musique qui le suit partout, qui sans cesse lui sert de fond sonore – qu'elle soit rythmes syncopés ou grondement de moteur –, je crois que dès le premier instant de silence, l'un comme l'autre, nous avons compris que c'en était fait de notre "amitié", qu'il ne s'agissait pas du tout de Katia, ou pas seulement d'elle, ou peut-être d'elle aussi, peut-être d'elle uniquement. Notre zone de silence était peuplée des sons de l'accordéon, des rires et du piétinement des danseurs, de la voix haute de Katia et des crépitements du feu de camp.

Quelqu'un a crié :

— Arrière, pauvres mecs ! Place à la lie !

Et un groupe d'hommes silencieux a défilé devant nous avec application.

Kolia Markov suivait, faisant le singe.

— Les marins à quai nous font l'honneur d'une petite visite. Ils arrivent du port de Pétrovo, m'a-t-il expliqué. Il va y avoir du grabuge !

S'arrêtant près de la balance, les marins à quai ont commencé à observer la vente. Très dignes, ils fumaient des mégots minuscules et crachaient de temps en temps dans la neige.

Les gens de la queue les surveillaient avec attention. Oubliant Serge, je me suis mis à en faire autant.

— Serge Vladimirovitch !

A quelques pas de nous, les mains derrière le dos, un homme d'un certain âge souriait d'un air engageant. Il était habillé comme l'est n'importe quel employé à Moscou, c'est pourquoi, ici, il ne ressemblait à personne. Toute dureté a disparu du visage de Serge ; il a fait un signe à cet homme qui l'appelait, et, à grands pas, il est parti le rejoindre. Katia en a profité pour se rapprocher de moi.

J'ai pris mon courage à deux mains et je lui ai demandé :

— Alors, comment vont les affaires d'Arik ?

— Plusieurs de ses coéquipiers sont là, mais il n'est pas venu, m'a-t-elle expliqué avec tristesse et en évitant mon regard. Tchoudakov prétend qu'il ne perd pas espoir.

— Ah bon ?

— Ils suivent la vallée du sud au nord. Ils ont déjà foré deux puits, mais chaque fois ils n'ont eu que de l'eau sulfureuse.

— Et maintenant ?

— Ils en forent un troisième.

Et elle a ajouté avec un soupir :

— C'est pénible, ces déplacements constants.

— Oui, mais aussi il n'est jamais très loin, ai-je fait remarquer.

— C'est vrai, il n'est pas loin. – Et elle a soupiré de nouveau.

— Il peut venir, des fois.

— Bien sûr, et c'est ce qu'il fait ; tu te rappelles, il y a quelque temps il est venu passer trois jours.

— Quand ça ? lui ai-je demandé. Je ne m'en souviens pas.

— Tu ne t'en souviens pas ? a-t-elle bredouillé, il est venu il y a un mois et demi. Tu t'en souviens parfaitement ! Mais si ! Mais si, tu t'en souviens ! – Elle criait presque.

J'ai glissé ma main sous sa moufle et serré ses petits doigts froids. Bien sûr que je me souvenais de tout. Comment ne pas m'en souvenir ? Durant ces trois jours, il avait été comme ivre, sans presque jamais boire une goutte d'alcool. Quant à elle, elle avait un air de lendemain d'ivresse. D'ailleurs elle ne s'était pas privée de boire. Il y avait eu une soirée chez Serge en son honneur, et Serge et Eddy Tanaka avaient sans doute été les deux seuls à ne pas voir qu'il y avait quelque chose qui clochait.

— Tes doigts, tes petits doigts fins, ai-je murmuré.

Elle a ri et, approchant son visage du mien :

— Ils sont comme des petites saucisses froides !

Il suffit qu'on se frôle, et tout de suite on perd la tête, plus rien ne compte. C'est un contact dangereux, le contact de deux masses critiques ; qu'est-ce que vous voulez qu'on y fasse !

Tout à coup, il y a eu comme un coup de canon ; une seconde plus tard nous arrivait une seconde secousse. C'était un groupe d'avions qui, très haut au-dessus de nos têtes d'amateurs d'oranges, franchissaient le mur du son.

Nous avons levé les yeux, mais ils étaient invisibles. Il n'y avait que le ciel joliment éclairé par la lune, le ciel qui, certain de son éternité passée et à venir, gardait un calme pour le moins étrange. J'ai eu un instant de vertige, et, sans la main de Katia, je serais peut-être tombé.

Quand je pense aux avions à réaction, à la façon dont ils fendent le ciel tels des bolides jusque sous la barbe du père Cosmos, le sol me manque, et je sens avec une acuité particulière que j'habite une toute petite planète. Avant, les gens savaient bien que la terre était ronde et qu'elle tournait autour du soleil (rien que d'y penser !...), mais ils avaient tout de même l'impression d'habiter des immensités de terre ferme et d'eau, de forêts et de steppes, et le ciel au-dessus de leurs têtes était à juste titre paisible et silencieux. Maintenant, franchement, c'est plus le moment de plaisanter, parce qu'après tout, de l'autre côté de l'océan, il pourrait bien se trouver quelque enragé pour appuyer sur un bouton et pour envoyer tout ça au diable ! Ils ont bien annoncé déjà qu'avant six mois, dans l'océan au bord duquel nous nous trouvons, dans les eaux tropicales, leurs cerveaux électroniques allaient lancer un ordre et qu'ils allaient reprendre leurs exercices avec les joujoux de la série "terre-mort".

Nous, on fait la queue parce qu'on a envie d'oranges ! Eh oui ! envie de manger des oranges ! Allez tous au diable, c'est comme ça : on a envie de manger des oranges ! Eh oui ! cerveaux électroniques imbéciles, et vous les petits gars qui savez tout, moi, Kolka Kaltchanov, j'ai envie d'oranges, et mes doigts caressent la main fine de Katia. C'est vrai, je construis des maisons ! C'est vrai, je rêve de bâtir ma propre ville ! Et je me fous de vous tous ! Nous, on est là, devant vous, à découvert, on construit des maisons, on pêche, on fore des puits et on fait la queue parce qu'on a envie d'oranges.

J'ai un ami très instruit, un astronome. Il a une mâchoire de bouledogue et des cheveux courts ramenés sur le front. Le bonnet d'astrologue lui irait sans doute fort mal. Un jour, je suis allé le voir à Poulkovo, et nous sommes montés dans la tour du réfracteur principal. Le temps était couvert, et mon ami n'avait rien à faire. D'ailleurs, j'ai eu l'impression, pour finir, qu'ils n'ont pas un travail bien salissant, ces astronomes ! Nous nous sommes donc installés près du réfracteur principal qui avait l'air d'un canon de Jules Verne, et Iourka, sans se troubler et tout en sifflotant l'air du *Chat noir*, a commencé à me raconter qu'une vie biologique comme la nôtre sur la terre était pour l'univers, pour la matière, un phénomène étranger.

— En somme, vieux, tu comprends, tout cela est extrêmement précaire ; parce qu'un concours de circonstances favorables comme celui qu'on a sur la terre en ce moment, du point de vue de la science actuelle, comprends-tu, est peu vraisemblable ; cela ne peut être qu'une courte exception aux règles. Tout cela, bien sûr, c'est à l'échelle de l'univers ; pour nous, c'est une histoire, et peut-être mille histoires, un million de civilisations. Bref, tout est simple et étonnant.

— Et il y a longtemps que tu sais ça ? lui ai-je demandé.

— Pas très longtemps, mais il y a tout de même un bon moment. D'ailleurs, je ne le sais pas, je le suppose.

— Et c'est pour ça que tu es si serein ?

— Oui.

Dieu de Dieu ! Je savais, bien sûr, que notre Terre n'était qu'un modeste grain de sable perdu dans les immensités insondables de l'univers, et, à la lumière de cette idée, les campagnes d'Alexandre de Macédoine me faisaient un peu rire ; mais le sentiment que nous n'étions qu'un phénomène "peu vraisemblable" m'a frappé de consternation. Je suis encore tout ému quand j'y repense. Autrement dit, tout ça n'est que miracle sur miracle ! Innombrables exceptions aux règles, jeu dénué de toute logique ! Le miracle des oranges, par exemple : un concours de circonstances improbables, et l'arbre, qui pourrait produire des grenades ou des citrons, produit des oranges. Et l'homme ? Pensez-y un peu, vous, les sages des îles tropicales ; vous êtes savants, vous ; vous savez tout ça mieux que moi ; alors, pensez-y…

— Katia, tu es un miracle !

— Et toi, la merveille des merveilles, a-t-elle répondu en riant.

— Je parle sérieusement. Tu es une exception aux règles.

— J'ai déjà entendu cela quelque part – et elle a souri, soulagée de retrouver le ton badin que nos relations avaient perdu.

Mais j'ai continué avec un tremblement dans la voix :

— Tu es un concours de circonstances improbables.

— Arrête, Kolka.

— Oh, moi aussi, d'ailleurs !

— Eh bien ! tu as une bien haute idée de toi-même, dis donc !

— Tes doigts, tes petits doigts… – Je chuchotais. – Tes petits doigts peu vraisemblables, tu es mon aimée… J'ai envie de t'embrasser…

— Ça ne va pas, tu ne sais plus ce que tu dis. Kolka, voyons, ce n'est pas raisonnable, regarde tous ces gens autour de nous !…

Mais elle ne se défendait que faiblement.

Dieu de Dieu ! Nous sommes, Katia et moi, deux accidents de la nature ; le hasard nous a réunis ; le hasard nous pousse l'un vers l'autre comme il pousse la pomme vers le pommier, la terre ferme vers la mer ; mais voilà : nous ne pouvons même pas nous embrasser en public. Il est clair qu'il y a là une autre loi, non moins étonnante que la loi des hasards.

Quelqu'un m'a attrapé par l'épaule. Un costaud à faire pâlir. Il était tête nue et n'avait même pas boutonné son col.

— Je voudrais te parler, Kaltchanov. – Tout en évitant mon regard, il se massait ostensiblement les biceps. – Vas-y mollo, mon gars, arrête de poser des jalons sur ce terrain, t'as compris ?

C'est là que je l'ai reconnu : c'était Lenka Bazarévitch, un mécanicien de l'équipe d'Arik.

— Message reçu, Lenka, mais ne m'écrabouille pas, je t'en prie !

J'ai vu que Serge Orlov s'approchait aussi. Deux malabars pareils contre moi tout seul, c'était trop. Je les imaginais se ruant sur ma modeste personne ; qu'est-ce qu'il allait en rester…

— Tu peux faire le malin ; je t'aurai prévenu !

Et Lenka s'est éloigné.

Petits rigolos, vous êtes peut-être des braves types, chacun de vous a sans doute son code de gentleman ; mais, vous savez, si seulement je pouvais venir à bout de moi-même, de mon propre code ! Alors, les gars, vous pourriez y aller ! Je ne vous craindrais plus.

Serge s'est approché :

— Ecoutez un peu ! L'ami que je viens de rencontrer est le directeur de ce restaurant.

— Alors tu retiens une table, a proposé Katia. Il paraît qu'ils ont même des cocktails.

J'ai confirmé :

— C'est exact, je m'y suis débauché un jour. Leur cocktail Devinette fait rêver tous les marins de la côte.

— La table, c'est secondaire ! Mais il a des oranges. Viens ! – et il a entraîné Katia –, tu as assez fait la queue.

Elle m'a regardé ; elle était indécise.

— Allez-y, les enfants, allez-y !

— Tu ne viens pas ? a demandé Katia en se libérant de la main de Serge.

Serge a eu un éclair dans les yeux, mais il a su se contenir, et il m'a expliqué :

— Comprends donc, à la limite c'est gênant pour nous de rester ici. Il y a beaucoup de nos ouvriers.

J'ai opiné du bonnet :

— Oui, oui, je vois : l'autorité du chef, l'unité de la direction, les cadres qui prennent les décisions…

Ça a fait rire Katia.

— Et elle, tu y penses ? m'a demandé Serge.

— Non, elle, je m'en balance !

Katia a ri encore plus fort.

— Vas-y, Serge, moi, je vais me venger de ce maudit barbu.

— Mais ici on n'entend que des jurons de tous les côtés ! – Il avait l'air complètement décontenancé.

Cette fois, Katia a ri à gorge déployée.

J'ai consolé Serge :

— T'inquiète pas pour nous, on se débrouillera.

Il a quand même fini par partir. Il devait vraiment se sentir obligé d'y aller. Il faisait peine à voir, tellement il avait envie de rester.

Katia l'a regardé qui s'éloignait.

— Il est marrant, notre Serge, hein !

— Il est amoureux de toi.

— Seigneur, comme si je ne le savais pas !

— Pour tous, tu sais ?

— Bien sûr.

— Ça doit pas être facile pour toi.

— Bien sûr que c'est pas facile.

— Et tes chaussures ? Tu les avais oubliées le soir où l'orchestre de variétés de Vladivostok est venu dans notre club ?

— Ah ! Ça te revient ! Toi, ce soir-là, tu ne pensais qu'aux chansons de genre, ce me semble…

— Il faut bien que, des fois…

— Tu parles ! Bien sûr. Et puis, moi, tu sais !

— Katia !

— Nous sommes allés danser chez Serge. C'était si romantique, si moderne : l'éclairage, tout… En partant, j'ai enfilé mes bottes et oublié mes chaussures. Il n'est pas si goujat que toi, lui.

— Pourquoi, je suis goujat, moi ?

— Je te crois ! T'as qu'à demander à n'importe qui à Vladivostok, on te renseignera.

— Tandis que lui, il est amical. C'est à lui que tu as confié tes peines de cœur. Il est si noble, si bon, ce grand garçon !

— Kolenka, qu'est-ce que je vais devenir ?

— Viens, allons faire un tour.

Abandonnant la queue, nous avons escaladé une colline. De là, on voyait toute la baie de Taly ainsi que la petite ville qui ressemblait étrangement à Gagry*. Elle s'étirait en une mince bande lumineuse au pied des montagnes. C'était Gagry, mais prise par les glaces, fumante et assagie.

— Eh bien, dis donc ! s'est écriée Katia, c'est vrai que ça ressemble à Gagry, même le chemin de fer passe au même endroit !

— La différence, c'est qu'ici c'est une voie étroite.

— C'est vrai.

Dans l'obscurité la plus absolue, en pleine mer, un phare s'allumait quand on avait compté jusqu'à 16.

— Si on avait pu se rencontrer à Gagry, il y a deux ans !

— Qu'est-ce que tu aurais fait ?

— Alors, toi et moi, on serait…

— Bon, tais-toi donc. – Elle avait l'air fâché.

* Gagry : station balnéaire au bord de la mer Noire.

Nous marchions lentement, bras dessus, bras dessous. 1, 2, 3, assez pleurniché ; 5, 6, 7, elle est toute recroquevillée de peur ; 9, 10, 11, je ne veux pas parler de ça ; 13, il le faut pourtant, ce n'est tout de même pas à elle de le faire ; 15, non, je ne peux pas. Tiens, tout de suite…

Nous sommes entrés dans un petit bois, et elle s'est serrée contre moi.

— Tu veux que je le lui dise, moi ? m'a-t-elle demandé d'un air sévère.

— Non.

— Mais qu'est-ce que tu veux, alors ?

Pour la première fois, j'ai eu un mouvement de recul. Elle a fait un signe de tête qui signifiait qu'elle avait parfaitement compris ; puis elle a sorti une cigarette et s'est mise à la triturer entre ses doigts. Je lui ai donné du feu.

Un jeune homme et une jeune fille, tout essoufflés, arrivaient en courant. Ils se sont tout de suite jetés dans les bras l'un de l'autre. Ils ne nous remarquaient pas ; ils ne voyaient rien au monde. J'ai pris Katia par les épaules. Elle a fait un effort pour me sourire tout en regardant les deux autres qui s'embrassaient. Je les ai reconnus : c'était Vitka Koltyga et la jeune fille des Chlakobloki, celle qui m'avait tant insulté à la réunion.

Nous avons échangé quelques plaisanteries, et j'ai emmené Katia. Nous sommes sortis du petit bois pour prendre la direction du restaurant, la direction de la queue pour les oranges. Quel bruit ! La queue s'était transformée en foule, je crois même qu'il y avait un début de bagarre. Je gardais pourtant encore un espoir insensé ; je me disais qu'après tout, il en resterait peut-être bien quelques-unes pour nous.

— J'ai dit ça comme ça, tu sais, a bredouillé Katia avec effort et en regardant ses pieds, tu comprends, n'est-ce pas ?

— Bien sûr.

— Voilà, c'est tout.

J'ai attendu quelques secondes, et j'ai lancé :

— Quelle est la vocation de la femme ?

Elle a brusquement éclaté de rire.

— Les types comme toi, ma grand-mère les appelle des philosophes à froid. Espèce de philosophe à froid, va !

Ça, c'est bien vrai, par exemple, me disais-je. Je la dévale, la pente savonneuse ! Je deviens de plus en plus bête. Quand on prépare un projet, s'il y a une anicroche et qu'on n'arrive pas à s'en sortir, il vous vient à l'esprit toute une série de solutions, et puis on a sous la main sa planche à dessin et ses logarithmes ; c'est tout de même pas pour rien qu'on s'est fait entretenir par l'Etat pendant cinq ans ! Si ça va mal sur le chantier, on pousse un coup de gueule. Si, dans une rue sombre, trois gars en veulent à votre montre, c'est tout simple, on sait faire. Je ne me suis jamais mal conduit avec les filles, et elles n'ont jamais eu de rancune à mon égard. Tout était simple et facile : un peu de romantisme, un brin de veulerie et de bons souvenirs de part et d'autre. Il fallait bien que ce soit à moi que ça arrive ! Qu'est-ce que je vais faire, maintenant ? On ne m'a jamais enseigné ça ! Les livres disent : "L'amour ne connaît pas d'obstacles." Allons donc ! Des milliers d'obstacles infranchissables se dressent quelquefois devant l'amour ; les livres en parlent aussi, d'ailleurs ! Mais Katia, ce n'est pas mon amour, c'est une partie de moi-même, ma jeunesse, mon eau vive.

La foule s'agitait vaguement. Certains faisaient de grands gestes. Il y en avait un qui avait déjà l'air d'avoir reçu un coup. Trois ou quatre gars de notre trust nous ont dépassés ; tout en courant, ils déboutonnaient leur pelisse.

— Qu'est-ce qui se passe, les gars ? leur ai-je crié.

— Il y en a qui essayent de se faire servir avant leur tour.

Katia a ri :

— Fonce, Kaltchanov, en avant, à l'attaque ! Le clairon sonne ! Te voilà tout frémissant comme un cheval de bataille.

— Tu sais comment on m'appelait, à l'école ? On m'appelait Pancho. Pancho-Tape-Dur.

— C'est vrai ? Alors, qu'est-ce que tu attends ? Non, Kolka, non ! N'y va pas !

Mais j'étais déjà loin.

"Qu'est-ce que je vais prendre, me disais-je. Je vais en recevoir pour mon grade ! Toutes mes frasques de la journée vont trouver là leur récompense !" Je me suis jeté dans la foule. On ne se battait pas encore. On ne faisait que pousser : on "barattait du beurre". On n'en était encore qu'aux conversations sérieuses.

— Vous avez conscience de ce que vous faites, oui ou non ?

— Et toi, est-ce que tu sais ce que j'ai dans mon porte-monnaie ?

— Perds pas ton temps à causer avec ça, Lénia. C'est pas la peine de discuter ! Tape-lui sur la gueule !...

— Les travailleurs font la queue, et eux, il faut qu'on leur serve leurs oranges sur un plateau !

— Trafiquants !

— Je vais t'avaler tout rond, vermine ! Je ne recracherai même pas les boutons !

— Lénia, assez causé !

— Laissez-moi passer ; je sors de l'hôpital pour maladies infectieuses.

— Arrière, profiteurs !

— Et toi, ça te prive, hein ; ça te prive !

— Je vais t'avaler tout rond, t'as compris ? Je ne prendrai même pas la peine d'ajouter du sel !

— Laissez-moi passer. Je suis contagieux.

Tout à coup, l'un des marins à quai, le plus dépenaillé et le plus hirsute de tous, a eu un formidable grincement de dents et a piaillé d'une voix pointue :

— Que tous ceux qui ne sont pas de nationalité russe quittent la queue* !

Il y a eu quelques secondes de silence, après quoi plusieurs personnes se sont précipitées sur le dépenaillé en hurlant :

— Sus au fasciste !

* Allusion aux juifs, qui étaient définis dans les documents officiels comme étant de *citoyenneté* soviétique et de nationalité *juive*.

Vitka Koltyga donnait des ordres :

— Allons-y, les gars ! Débarrassons-nous de ça !

Il était déjà là, bien sûr, et il jouait au grand chef. Adieu Amour, adieu joli mois de mai…

Les voix se sont tues, et les poings sont entrés en action. On n'entendait plus que les hennissements et les grognements des combattants. J'étais poussé, bousculé, écrasé de tous les côtés ; j'ai même reçu à plusieurs reprises des coups qui ne m'étaient pas destinés, et des voix se sont excusées : "Pardon, je vous avais pris pour un autre." Personne ne savait exactement sur qui taper. De nouveaux combattants arrivaient de toutes parts, venant grossir notre groupe déchaîné.

— Suivez-moi, les gars ! a crié un aviateur que je ne connaissais pas à ses camarades, et ils se sont jetés dans la mêlée pour écarter les combattants de la balance derrière laquelle les jeunes vendeuses, indifférentes, se soufflaient dans les doigts et dansaient sur place pour lutter contre le froid. Je me suis précipité à leur suite, et j'ai enfin reçu un direct dans la mâchoire.

Le long garçon qui m'avait frappé se tournait déjà vers un autre. J'ai remarqué son air éperdu ; il avait l'air d'agir dans une demi-conscience. De deux coups, je l'ai culbuté dans la neige.

La foule s'est écartée, et je suis resté à contempler ce corps qui gigotait.

— Aide-moi à me relever, barbu ! m'a dit le long garçon d'un ton pacifique.

Je l'ai aidé, et je me suis remis en garde.

— T'as un bon coup de poing, m'a-t-il dit.

J'ai tâté ma mâchoire :

— Toi aussi, tu te défends !

Il a secoué la neige qui était sur ses vêtements.

— Viens, on va aller se boire un petit verre de champagne !

— Un verre de champagne ? – J'avais peur d'avoir mal compris. – Excellente idée.

En somme, on s'était donné un peu d'exercice !

XI

LA RACINE

A vrai dire, dans la bande, personne n'était vraiment intéressé par les oranges, mais Vovik avait promis d'offrir un verre si on s'y mettait tous. Il avait besoin d'oranges pour je ne sais quel trafic.

Il a commencé par faire passer de l'argent à son acolyte dont c'était le tour et qui lui a pris quatre kilos. On donnait quatre kilos par personne. Puis Pétka s'est approché de ce copain et a pris, lui aussi, quatre kilos. Dans la queue, on commençait à pousser. Le copain de Vovik échangeait des injures avec la foule tout en contenant le flot. Enfin, Ivan Double-Mètre s'est glissé à son tour. Cette fois, la queue s'est défaite, et on a fait cercle autour de nous. La bousculade commençait. A ce moment-là, Vovik s'est amusé à simuler une crise d'épilepsie. Quel enragé, celui-là ! Ça va mal, pourtant, quand on est entouré par dix fois plus nombreux que soi et que la mêlée commence. Ça sent pourtant le roussi. En plus, il s'était déjà trouvé une bonne âme pour courir alerter la milice. Lui, pendant ce temps-là, il faisait le clown !

Il était temps de mettre les bouts, mais je ne pouvais tout de même pas lâcher les copains qui, eux, commençaient déjà à jouer des poings : Vovik les avait excités avec sa crise d'hystérie. Le massacre de la Saint-Barthélemy s'annonçait, ça n'allait plus tarder.

Il allait donc falloir que je me présente à mon père avec un gnon sur le portrait. Je dirai que je me suis cogné, j'inventerai une histoire, me disais-je. Et si je me retrouve en cabane pour quinze jours ?

C'était bien le moment ! Il ne me manquait plus que ça ! C'est toujours pareil, on n'a pas plus tôt commencé à faire des projets pour l'amélioration de ses conditions de vie personnelle qu'on se trouve embarqué dans une sale affaire ! C'était une catastrophe, une véritable catastrophe ! Et Lucia était là, en plus. Je l'avais vue avec Vitenka Koltyga, le gars de l'autre jour.

Tout à coup, voilà que Vovik empoigne un type par le veston et qu'Ivan Double-Mètre commence à faire le coup de la contagion. J'ai senti que ça y était, que je me montais, moi aussi. J'ai senti que je me précipitais sur quelqu'un. Que je tapais, et que je recevais la monnaie de ma pièce. Que j'étais entré dans la bagarre, moi, fils indigne, et que mes coups partaient dans toutes les directions. J'étais même un peu paniqué, j'avais l'impression qu'un autre s'était introduit dans ma personne.

Brusquement, j'ai vu trente-six chandelles et je me suis écroulé dans la neige. Quelqu'un m'avait mis knock-out avec un aller-retour. Ça m'a fait reprendre mes esprits, et ma fureur m'a abandonné en un instant, comme par enchantement.

Le gars qui m'avait déquillé était plutôt chétif, mais il avait l'air sportif. Il portait une barbe, c'était sans doute un géologue de la capitale. Ceux-là, dès qu'ils arrivent chez nous, ils se laissent pousser la barbe. En tout cas, il m'avait désarçonné au bon moment.

Les copains s'enfuyaient à toutes jambes, on aurait dit des lapins ! Il n'y avait plus trace de Vovik, ni de Pétka, ni d'Ivan Double-Mètre, ni des autres.

J'ai proposé à mon barbu d'aller prendre une coupe de champagne. Il n'était pas fier, et il a accepté tout de suite.

— Allons au Phare, je t'invite.

Je n'avais pas un sou bien sûr, mais je me disais que j'arriverais bien à fléchir Esther Naoumovna. Elle n'aurait qu'à le marquer sur mon compte. Il fallait tout de même bien que j'offre un verre à ce brave garçon qui m'avait frappé si adroitement et si fort à propos.

Il a éclaté de rire :

— Allons-y, vieux !

— Pourquoi "vieux" ? T'es de quelle année, toi ?

— De trente-huit.

C'était un vrai môme, quoi ! Et c'est vrai que je suis vieux.

— T'as été jusqu'au bout de tes études secondaires, je suis sûr ?

— J'ai fait un institut technologique. Je suis constructeur, ingénieur-constructeur.

Une jeune fille s'est approchée de nous ; une de ces beautés, les gars, une vraie pin-up !

— Katia, je te présente mon *sparring-partner*. Viens, on va prendre une coupe de champagne.

— Et les oranges, Kolka, on va pas louper notre tour ?

Elle m'a tendu sa main gantée. Moi, comme un imbécile, j'ai enlevé ma moufle :

— Je me présente, la Racine… Oh, zut ! Valka, je m'appelle Valentin Kostioukovski.

Et nous voilà partis tous les trois ; et cette adorable Katiouchka nous a pris par le bras l'un et l'autre, t'imagines ! Y a pas, il faudra que je travaille Esther Naoumovna pour qu'elle me donne aussi des bonbons au chocolat, me disais-je.

— Il a un bon coup de poing, votre Kolka, ai-je expliqué à Katioucha, il frappe fort et bien.

Elle a ri :

— Eh oui ! il est comme ça, mon Kolka !

Mais j'ai remarqué que ledit Kolka se renfrognait. Avec une veine comme il en a une, il trouve encore le moyen de se renfrogner, l'animal ! A sa place, je ne connaîtrais même plus le sens du mot "se renfrogner", me disais-je. Il est encore môme, et déjà il a terminé ses études, il a une spécialité très demandée, je parie qu'il possède aussi un appartement, et il a une de ces filles, nom de nom !

J'ai aperçu Pétka au bout de la queue. Il essayait de se mettre à côté des autres, mais on le chassait en tant que fauteur de trouble.

— Mais je fais la queue honnêtement, comme tout le monde, criait-il. Vous avez une conscience, les gars, ou vous l'avez mangée en salade ? Valka, ils ont une conscience, qu'est-ce que tu en penses ?

Je lui ai glissé en passant :

— Laisse tomber ! Un peu de dignité, voyons.

Mais Katia s'est soudain immobilisée :

— C'est vrai, camarades, vous y allez un peu fort. Il a reconnu ses erreurs, tout de même. Lui aussi, il a envie d'oranges.

Pétka s'est mis à pleurnicher :

— De ma vie, je n'ai consommé de cette denrée ! Vous n'avez donc pas de conscience ! Ou est-ce que vous n'avez pas été mis au monde par une femme ?

— D'accord, lui ont dit ceux de la queue. Mets-toi au bout, de toute façon il n'y en aura pas pour tout le monde !

— Mais j'ai quand même une petite chance !

Il était tout ragaillardi.

On était bien dans la salle de restaurant presque vide, dans cette ambiance de musique légère. On avait l'impression qu'il n'y avait pas de bagarre dehors, qu'il n'y avait pas de queue.

Esther Naoumovna n'a pas fait la moindre difficulté.

Moi, les gars, j'aime le champagne. Il provoque un petit vertige agréable, et des pensées joyeuses se mettent à danser dans votre tête. Je passerais bien ma vie sous l'effet du champagne. Quant à l'alcool fort, vous savez, pour finir, tout ce que ça peut faire, c'est de vous rendre sombre.

— Là, tu as raison, a reconnu Kolka. Il y a longtemps que tu es à quai ?

Il m'a demandé ça si amicalement que j'ai tout de suite eu envie de lui raconter ma vie. J'avais l'impression qu'il m'aurait écouté. Mais je ne l'ai pas fait : à quoi bon gâcher la bonne humeur des gens ?

Brusquement, j'ai aperçu ce diable de Volodia Sakounenko, le capitaine du *Sud*. Il était au buffet, en train d'acheter des bonbons pour une dame que je ne connaissais pas.

J'ai prié la société de m'excuser, et je me suis dirigé vers lui. Le champagne me donnait cette décontraction.

— Salut, capitaine !

— Tiens, la Racine ! – Il était tout étonné.

— Je ne suis pas la Racine. Retiens-le une fois pour toutes, je suis Valia Kostioukovski, c'est clair ?

— D'accord ! – Et, me montrant à la dame : Je vous présente Kostioukovski, un phénomène curieux.

— Je ne suis pas un phénomène, retiens-le une fois pour toutes, je suis le matelot Kostioukovski, un point c'est tout.

Et j'ai tendu au capitaine et à la dame une boîte de Princesse Flore, une boîte qui avait un peu traîné, qui sentait un peu le moisi, mais aussi quelle marque ! J'ai un petit faible, comme ça, pour ces cigarettes. Dès que j'ai un peu d'argent ou quand je viens faire un tour au Phare chez Esther Naoumovna, j'achète une boîte de Princesse Flore et je me délecte.

— Ecoute, capitaine, quand partez-vous en mer et où allez-vous ?

A travers la fumée de sa cigarette, le capitaine m'a jeté un regard perçant, et il m'a expliqué :

— Nous retournons pêcher la saïra, au large de Chikotan, et nous partons dans deux ou trois jours.

La Princesse Flore le faisait tousser.

— Dis-moi, Sakounenko, vous êtes au complet ?

— Pourquoi ?

— Dis-moi, Sakounenko, tu as encore une dent contre moi ?

— Et toi, Valia, qu'est-ce que tu en penses ?

Il m'a demandé ça tout gentiment.

— Ça serait juste, je lui ai dit, il y a de quoi.

Il me regardait sans rien dire. La dame aussi me regardait. Brusquement je lui fais :

— Vassilitch !

C'est comme ça qu'on l'appelle à bord du *Sud*, à cause de son âge. "Camarade capitaine", c'est pas commode ; "Vladimir Vassiliévitch", il est trop jeune pour ça ; "Volodia", ça va pas avec son grade ; "Vassilitch", au contraire, est parfait, ça fait copain, et en même temps c'est plein de respect.

— Vassilitch, que je lui ai dit, essaye de me comprendre ! Tout de suite, c'est le champagne, bien sûr, qui me donne du culot, mais je voudrais te demander de me prendre à bord ! Tu peux pas savoir à quel point j'ai besoin d'aller en mer en ce moment !

Sakounenko a pris un air renfrogné :

— Viens, on va causer !

XII

HERMAN KOVALEV

Les marins à quai ont été dispersés si rapidement que je n'ai même pas eu le temps de me bagarrer tout mon soûl. La queue a repris son allure normale ; l'accordéon a de nouveau fait entendre sa voix ; les jeunes filles au visage impassible se sont remises à leurs danses, et les Nanaïs se sont réinstallés autour de leur feu de camp. Un sac en papier déchiré avait été abandonné dans la neige, et plusieurs oranges s'en étaient échappées. On avait l'impression que le sachet était tombé du ciel, qu'il avait été largué d'un avion, qu'il était un cadeau de la providence. Tiens, voilà une idée intéressante, j'en parlerai dans mes prochains vers.

Tout à coup, j'ai ressenti un grand bien-être. La gaieté montait en moi comme si je ne venais pas de voir s'envoler mes espoirs amoureux. Soudain j'ai eu l'impression que toute cette soirée, avec cette histoire d'oranges, était un spectacle d'amateurs à la Maison de la culture des marins et que je jouais dans ce spectacle un rôle qui n'était pas des moindres. Tous, autour de moi, étaient si bons copains, si chaleureux. Les décors aussi étaient assez réussis, ils manquaient seulement un peu de vraisemblance ; comme dans les livres pour enfants, on y voyait la lune, des montagnes, des maisonnettes recouvertes d'une neige argentée… Mais son tour à elle d'entrer en scène allait arriver : ma partenaire, avec son petit manteau à la mode et ses bottines, n'allait pas tarder.

Et puis j'avais deux jours entiers devant moi : nous ne devions prendre la mer que deux jours plus tard.

J'ai ramassé les oranges, et j'ai voulu les rapporter aux vendeuses.

— Gros malin ! m'ont dit les gars, mange-les, c'est ton trophée.

— Gros malin, m'a dit l'une des vendeuses, elles ont déjà été payées !

— Mais non, voyons, ce sachet est tombé du ciel !

Alors, j'en ai offert à tout le monde : chacun avait le droit de venir chercher son orange ; parce qu'enfin, ce qui tombe du ciel, en général, ce n'est pas pour un seul, c'est pour tout le monde ! J'étais comme le père Noël. Tout à coup, j'ai vu Nina qui se frayait un chemin jusqu'à moi.

— Herri, on va danser ? m'a-t-elle demandé.

Elle sentait bon l'orange gelée, et sur ses lèvres des gouttelettes de jus étaient devenues glaçons.

— Tout de suite, on y va ! Ça va être notre tour pour les oranges.

Quand nous avons été servis, en bande, tous les gars du *Sud* nous nous sommes dirigés vers la cantine. Je tenais Nina par le bras, et, de l'autre main, je serrais les sachets contre mon cœur.

— Je sais danser toutes les danses, vous allez voir, me racontait Nina, bavarde, le let-kiss, la valse, la gavotte et même le rock and roll, m'a-t-elle glissé à l'oreille…

— Avec le rock and roll, on risque de s'attirer des ennuis ! De toute façon, moi, je ne sais rien danser sauf le tango !

— Le tango, c'est ma danse préférée.

Je l'ai regardée. Bien sûr, tout ce que je préférais, elle allait se mettre à le préférer aussi ; ça allait de soi.

Nous avons rapproché trois tables, et nous nous sommes installés ensemble, tous les membres de l'équipage. Comme toujours, c'est le bosco qui présidait.

— Esther Naoumovna, a-t-il crié, le *Sud* attend votre bon plaisir.

Cependant, devant chacun d'entre nous, un petit tas d'oranges resplendissait déjà de tous ses feux. Réunissant tous ces tas, nous en avons fait une véritable pyramide qui s'est mis à rayonner d'une lumière intense.

La serveuse s'est approchée, et, comme le doigt du bosco se déplaçait sur le menu, elle a commencé à s'excuser :

— On n'a pas ça ! Et ça non plus, Pétrovitch ! C'est un vieux menu ! Ça non plus, on l'a pas, gentils marins !

— Alors, deux plats chauds pour chacun et ce qu'il faut avec, tout ce qu'il faut, quoi ! a lancé le bosco avec bonne humeur.

Soulagée, elle est partie d'un bon pas exécuter la commande :

— Je vous apporte ça !

Génia, notre radio, est allé voir pour l'éclairage. Il fallait bien qu'il la prenne, cette fois encore, sa photo historique !

Quand il a braqué son appareil, j'ai posé ma main sur le dossier de la chaise de Nina. Je pensais le faire sans qu'elle s'en aperçoive, mais elle a plissé son petit nez pointu, elle avait vu. Tout le monde avait vu, je crois. Le bosco a fait un clin d'œil au mécanicien-chef, et seuls Boris et Ivan ont fait mine de ne rien remarquer. Mon geste n'a pas échappé non plus à Lucia qui passait justement à côté de nous, et elle a souri, ni à moi ni à Nina, comme ça. Soudain, j'ai eu horriblement honte, la sueur en a perlé à mon front. "Le vent léger agite les branches…" Zut, zut, zut ! Pourquoi, diable, avais-je écrit ces vers, et pourquoi, surtout, les avais-je envoyés ? Quand donc arriverai-je à laisser tomber toutes ces sottises, quand deviendrai-je un véritable jeune homme ?

Alors j'ai carrément mis ma main sur l'épaule de Nina ; je l'ai même un peu serrée, cette épaule. Dieu, qu'elle était maigre !

Aussitôt après le déclic, elle a fait un mouvement pour se dégager.

— Comme vous êtes, Herri ! a-t-elle murmuré.

J'ai ricané cyniquement :

— Je suis comment ?

— Vous avez quelque chose de mal agencé.

— C'est le métier qui veut ça ! – Et j'ai tout de suite rougi de ma réponse idiote.

La serveuse venait vers nous, portant un énorme plateau chargé d'assiettes et de bouteilles. Cela faisait une telle montagne qu'on voyait à peine sa tête. Quant à ses bras nus, l'effort y faisait saillir des biceps à rendre jaloux plus d'un représentant du sexe fort. La partie inférieure de ses bras était molle et frémissait à chaque mouvement tandis que le haut en était gonflé et ferme.

Le bosco lui a versé un peu de cognac. Elle a remercié d'un signe de tête, et, dissimulant le verre sous son tablier, elle est allée se glisser derrière un petit paravent. Là je l'ai vue qui vidait son verre d'une manière toute masculine. Quelle femme ! A la voir, on dirait une vieille matrone, mais comme elle lève le coude ! Si je pouvais en faire autant !

Moi, je ne tiens pas l'alcool ! Je ne sais pas boire, que voulez-vous que j'y fasse !

Boris et Ivan, tout en mangeant, examinaient Nina avec sévérité, et Nina, sentant leurs regards, se tenait avec beaucoup de dignité.

— Il faudra que tu lui écrives, lui a dit Ivan. Si tu savais quel garçon c'est, notre Herri ! Tu lui écriras, hein ?

Nina l'a regardé. Elle avait l'air de ravaler des larmes. Puis elle a hoché la tête : elle acceptait.

— Envoie-lui plutôt des radiogrammes, lui a conseillé Boris ; quand on est en mer, c'est très agréable de recevoir des radiogrammes. Tu lui en enverras ?

— D'accord ! D'accord ! Je lui en enverrai !

Elle avait l'air fâchée, ça lui paraissait étrange, bien sûr, de voir que les gars se mêlaient de nos rapports intimes.

Tout à coup il y a eu de la musique. L'aiguille s'est mise à grincer, à siffler, à broncher sur un disque.

— C'est un tango, a dit Nina, le nez dans son assiette.

— Viens ! – Et je l'ai prise par le coude.

A ce moment-là, rien ne me faisait peur ; j'avais l'impression de savoir effectivement danser le tango.

Nous dansions. Je ne sais pas comment, par exemple ; pas mal, je crois ; remarquablement bien, sans doute ; mieux que tous les autres, bien sûr. Une voix de femme, rauque, chantait :

Parlez-moi d'amour,
Parlez-m'en et ce soir et toujours,
Je suis prête à sans fin vous entendre
Dire la la, la la la, la, la la…

Ce refrain était repris plusieurs fois, mais je n'arrivais jamais à comprendre les derniers mots.

Parlez-moi d'amour,
Parlez-m'en et ce soir et toujours,
Je suis prête à sans fin vous entendre
Dire la la, la la la, la, la la…

C'était énervant ; le refrain revenait, et les derniers mots se perdaient toujours dans le sifflement et le grincement du disque usé.

— Qu'est-ce qu'elle chante ? Je n'arrive pas à comprendre !

— Remettez donc le disque ! m'a conseillé Nina dans un murmure.

XIII

LA RACINE

— Vassilitch, tu veux que je te raconte ma vie ? Et je raconte, j'ai compris ; je parle de tous mes péchés, de mon père, de mon enfance, du voilier *La Flamme* sur lequel j'ai chassé ; et je suis le premier surpris ; d'où me vient cette éloquence, j'ai un bagout, on dirait Vovik ! Le capitaine m'écoute tout en tirant sur sa cigarette, la petite dame elle-même s'est calmée, et nous allons et venons le long de la queue.

Voilà ce que le champagne fait de moi, maintenant. Avant, j'en buvais comme de l'eau. Au petit-déjeuner, je descendais ma bouteille de demi-sec avec un petit pain et une boulette de viande. Je ne sais pas ce qui m'arrive, ma santé en a peut-être pris un coup.

— Mon Dieu ! Mais c'est un véritable roman ! s'est exclamée la petite dame.

— Je pense pour ma part que toute vie est un roman, a dit le capitaine. Dans cette foule, tenez, il y a autant de romans que de personnes. Peut-être suis-je dans l'erreur, Irina Nikolaévna ?

— Vous avez peut-être raison, Volodia, mais appelez-moi donc par mon prénom, nous en avions convenu ainsi.

— Eh bien ! écrivez-le, ce roman.

La petite dame a eu l'air de réfléchir :

— Non, je n'aimerais pas écrire un roman sur Kostioukovski ; c'est de vous que j'aimerais parler, Volodia ; vous, vous êtes un héros positif !

Eh bien, les gars ! Comme elles sont, les dames, de nos jours ! Qu'est-ce que vous en dites ?

Volodia ne savait vraiment plus où se mettre.

— Peut-être pourriez-vous nous laisser ? lui a-t-il suggéré, il faut que j'aie avec ce matelot une conversation constructive, si je puis m'exprimer ainsi, ou, plutôt, une conversation entre collègues. Bref, il faut que je parle à mon matelot en tête à tête.

— Très bien, je vous attendrai dans la salle.

Elle est partie enfin ! Le capitaine en a poussé un soupir de soulagement.

— Ecoute, Valia, ta situation est délicate, je comprends, et puis tu es tout de même un bon marin… Nous avons une place : Kécha, tu le connais, part à l'armée… Mais alors, que ce soit sans histoires. Tu as compris ? – Et il a hurlé ces derniers mots à pleins poumons.

— D'accord, d'accord ! Mais ne me la fais pas au coup de gueule, je sais que pour ça t'es fort !

Il s'est gratté la nuque.

— Comment faire passer ça au département des cadres ? Je vais leur dire qu'on te prend pour faire ta rééducation. J'expliquerai qu'on va te soumettre à l'influence de notre collectivité.

— Va pour la rééducation – j'étais d'accord.

— Viens, m'a-t-il dit, nos gars siègent déjà au Phare, je vais te présenter.

— D'accord, mais fais-le simplement, sans boniments. T'as qu'à dire que voilà le matelot Kostioukovski qui va avoir l'honneur de faire partie de notre vaillant et glorieux équipage. Un point c'est tout, sans t'étendre, sans faire de discours.

— Petit bandit, va ! – il riait –, mais fais bien attention, à la moindre incartade, on te débarque.

La première personne que j'ai aperçue dans la salle a été Lucia. Elle dansait dans les bras de son foreur.

— Eh bien, Lucia, vous brillez comme une galette au beurre ! lui ai-je dit.

Je suis comme ça, moi. Dès que les affaires vont un peu mieux, je deviens mufle.

— J'ai mes raisons, m'a-t-elle répondu en inclinant sa tête vers l'épaule de son danseur.

— Je vois, je vois !

J'ai repensé au goût de sa joue. Un jour j'avais tout de même réussi à l'embrasser sur la joue. J'ai repensé à cet épisode, et je lui ai souri en lui faisant comprendre à quoi je pensais. Elle a eu l'air de me répondre : “Et alors, tu parles d'une affaire !”

Quant à Vitka, il ne voyait rien, il n'entendait rien. Il commençait à être bien excité. Sakounenko trônait déjà au bout d'une table, et il me faisait signe : il y avait encore de la place. Mais quelqu'un m'a tiré par un bouton, et je me suis retrouvé devant une autre table. C'était Vovik. Confortablement installé, ce gros futé dégustait un chachlik qu'il arrosait de jus de la vigne. Il y avait même deux oranges à côté de son assiette.

— Viens là, Valka !

— Assieds-toi, la Racine, et casse une petite graine. Après ça, on se tire, il y a du boulot !

— Va donc au diable, avec ton boulot ; au diable, trois fois au diable et encore plus loin !

— Qu'est-ce qui t'arrive, tu es tombé sur la tête, bougre d'imbécile ?

— File t'occuper de ton boulot ; moi, je reste ici !

— Traître, que fais-tu de notre solidarité de marins ?

Alors, faisant tinter un couteau contre son verre, je me suis mis à hurler :

— Garçon, qu'on me change mon interlocuteur !

C'est ainsi qu'a pris fin notre belle amitié.

En m'approchant de la table du *Sud*, j'ai essayé de repérer les anciens, ceux qui me connaissaient.

Quand j'ai pris place à côté de Sakounenko, tous les regards se sont braqués sur moi. Il fallait s'y attendre : tout le monde me connaissait ; ceux qui ont leur base à Pétrovo ou à Taly, ceux du combinat de pêche et même les gars des artels du littoral. J'avais traîné mes bottes sur tous les quais.

— Salut, matelots !

Esther Naoumovna a tout de suite été là ; elle m'aime bien.

— Qu'est-ce que vous prenez ? m'a-t-elle demandé.

Pour sa part, il était clair qu'elle était déjà bien partie, la pauvrette.

J'ai déposé un baiser sur sa main d'ouvrière :

— Ce que vous voudrez bien m'apporter, Esther Naoumovna, tout sera parfait.

— Je vous apporte ça ! – Et elle s'est éloignée de sa démarche chaloupée, pauvre enfant de la mer ! Quand le plancher tangue sous ses pas, elle s'imagine peut-être qu'elle est encore sur le pont du *Tchitchirev* !

— Une femme ivre, c'est un spectacle repoussant, a dit la dame qui avait l'intention d'écrire un roman sur notre Volodia Sakounenko.

— Vous feriez mieux de vous taire, citoyenne ! Que savez-vous d'elle ? Excusez-moi, ai-je ajouté après un instant de réflexion, ça m'a échappé.

Mais les gars du *Sud* ne m'en ont pas tenu rigueur. Eux, ils connaissaient tous l'histoire d'Esther Naoumovna.

Et voilà ! J'avais l'impression d'avoir changé de cap à la dernière minute, d'avoir évité des récifs de justesse. Il y avait de la musique, j'étais de nouveau marin à bord du *Sud,* et, sur la table, des oranges s'amoncelaient en un tas bien sympathique. Et puis j'allais revoir mon père, professeur à la manque, membre d'une société de sciences variées ; si à Khabarovsk le temps permettait le décollage, il allait venir le lendemain. Je me demandais seulement si cette rencontre nous réservait de bien grandes joies !

XIV

LUCIA KRAVTCHENKO

Il m'a présenté ses amis. J'étais contente de connaître des gens nouveaux, des prospecteurs de notre sol. Nous nous sommes tous installés à la même table : Lénia, Ioura, Micha, Volodia, Evdochtchouk, Tchoudakov, mon Vitia et moi : plus on est de fous, plus on s'amuse ! La salle était déjà bondée. Il y régnait un brouhaha tel qu'on entendait à peine la musique. Pourtant les danseurs étaient nombreux ; chacun, sans doute, suivait sa propre musique. Toutes les filles de notre chambre dansaient et me faisaient de grands sourires ; quant à Nina, elle semblait avoir perdu toute notion des choses, elle ne pensait plus ni à l'île Vassilievski ni au palais de marbre. J'avais bien fait de les présenter l'un à l'autre ; ils allaient sans doute réussir à trouver un langage commun.

Sur la table, devant nous, ce n'étaient que bouteilles, plats fumants et amoncellements d'oranges. Le service, bien sûr, n'était pas à la hauteur ; ce n'était pas comme chez nous au restaurant de la gare. En revanche, ici, personne n'était pressé, personne n'avait la prétention de goûter en une demi-heure à tous les plaisirs de la création. En cette soirée pas comme les autres, tous avaient l'air heureux. La lumière venait d'en haut, des lampes, d'en bas, des oranges. La main de Vitia était posée sur mon épaule, et, dans la fumée des cigarettes, ses yeux clairs et fous, dans lesquels le monde semblait s'être arrêté, étaient fixés sur moi. C'était même un peu gênant. Tout doucement, j'ai enlevé sa main de mon épaule. Dans ses yeux, quelque chose a bougé, des étincelles amusées s'y sont allumées, et il s'est levé, le verre à la main.

— *Tchin-tchin*, les gars !

Il faudra que je lui fasse passer ce genre d'expressions.

— Levons notre verre à la santé de Kitchékian et à nos prospections ! Quelque chose me dit que ce n'est pas en vain que nous avons moisi dans ces Alpes suisses. Je parle sérieusement, les gars, à l'heure qu'il est, sur notre chantier, le pétrole est en train de jaillir !

— C'est dans ta tête que ça jaillit ! a dit Lénia.

— Dans sa tête ou ailleurs ! a ajouté Micha.

Et tout le monde a éclaté de rire, tandis que Vitia se mettait à hurler avec passion :

— Bande de geignards ! Mon induction me le dit, je crois à mon induction. Tiens, tu veux qu'on parie !

Il s'adressait à Lénia. Mais Lénia a refusé la proposition. Il s'était sans doute laissé convaincre et avait fini, lui aussi, par croire au pétrole.

Tout d'abord, je n'ai pas compris de quelle induction il s'agissait, puis j'ai réalisé : il voulait probablement dire intuition. Il faudra penser à le lui faire remarquer, me disais-je.

— Et nous, on n'y sera pas. C'est vexant ! a remarqué Ioura.

— Arik y sera, et c'est le principal. Qu'il soit le premier à tremper ses mains dans le pétrole, ça lui revient de droit ! Il a perdu le boire et le manger dans cette histoire.

— Il en a même oublié sa femme, a ajouté Lénia en jetant un regard significatif dans un coin de la salle ; il risque de lui coûter cher, son pétrole !

— Oh ! dans la vie on ne sait jamais ce qui peut vous faire perdre ou vous faire gagner, a marmotté Evdochtchouk, et il a failli s'étrangler en me regardant.

— Viens danser, m'a proposé Vitia.

Ce n'était pas facile ; on était tellement bousculés qu'il aurait mieux valu s'enlacer et se contenter de se balancer sur place en musique. A ma gauche, Sima dansait avec un type énorme en veste de marin. Le voilà donc, le propriétaire des maillots de corps ! Ils étaient l'un et l'autre si corpulents qu'on les aurait crus descendus tout droit d'une autre planète. Sima m'a adressé un sourire plein de volupté, et elle a posé sa tête sur l'épaule de son cavalier.

— Vitia, tu aimes ton travail ?

— Eh bien, tu sais, du point de vue matériel, ça va…

— Ce n'est pas ça que je te demande ; est-ce que tu aimes prospecter, chercher du pétrole ?

— Je préfère en trouver !

— Ça doit être passionnant, hein !

— Quand le pétrole jaillit ? Je te crois ! Le gaz aussi, ça fait un de ces effets quand il prend feu ! L'incendie embrase le ciel ; nous, on l'arrose avec de la boue pour essayer de l'éteindre, mais il ne faiblit pas ; il fait une chaleur à crever, et on est trempés ; c'est une véritable guerre !

— C'est bien, une guerre comme ça, non ?

— Une comme ça, oui, mais les autres, je les envoie au diable.

Le disque usé grinçait. Ce n'était même plus un disque, mais une vraie feuille de radio toute gondolée.

Parlez-moi d'amour,
Parlez-m'en et ce soir et toujours,
Je suis prête à sans fin vous entendre
Dire la, la, la la la, la la la…

— Tu sais, Vitia, ici tout va changer. Vous, vous trouverez du pétrole ; nous, on bâtira de belles villes…

— Bien sûr que tout va changer ! Ce sera le paradis et ses frondaisons…

— Mais c'est vrai ; peut-être que le climat va se modifier aussi et que les oranges pousseront ; nous aurons nos propres oranges !

— Et ce sera justice !

— Ne plaisante pas !

— Pourquoi donc, enfant du Sud ? Pour le moment, tu ne te plais pas ici ?

— Si, oh si… Vitia ! Vitia, voyons, il ne faut pas, tu es fou…

Parlez-moi d'amour,
Parlez-m'en et ce soir et toujours,
Je suis prête à sans fin vous entendre
Dire la, la, la la la, la la la...

— Elle est prête à lui entendre dire quoi ? Je n'arrive pas à comprendre ce qu'elle chante !

Moi non plus, je n'arrivais pas à comprendre les derniers mots, mais je savais que j'étais prête à entendre sans fin :

la la, la la la, la la la...

Prête à entendre sans fin les battements de ton cœur, ta respiration, tes plaisanteries.

— Si tu allais remettre le disque ?

XV

VICTOR KOLTYGA

Je n'aime pas les gars qui aiment se faire photographier dans les restaurants ou dans les cantines un peu chic. Dans une cantine ordinaire, ça ne leur viendrait même pas à l'idée, mais il suffit qu'il y ait un petit supplément sur les prix, du velours travaillé aux fenêtres et une couverture cartonnée au menu pour qu'ils jugent indispensable de fixer pour l'éternité le moment historique passé dans l'établissement.

Un jour, je me souviens, au restaurant *Oussouri*, à Khabarovsk, j'étais en train de manger bien tranquillement, et, autour de moi, il fallait voir ça ! On aurait pu se croire à la réception de quelque chef d'Etat africain entouré de photographes de presse.

En fait, ça se comprend. Quand on a passé six mois dans un faux-pont ou sous une tente à manger dans des boîtes de conserve, et qu'on se retrouve devant des serviettes propres, de vrais petits verres et un orchestre de jazz, il est normal qu'on ait envie de passer à la postérité sur ce fond.

Mais moi, je n'aime pas ça. Je n'accorde pas beaucoup d'importance à ce genre d'événements, et des restaurants, dans ma vie, j'en ai vus pas mal.

Quand j'étais jeune, il est vrai, je collectionnais les souvenirs. J'en avais toute une série : un menu en trois langues du Savoy de Moscou, une fourchette de la Corne d'or de Vladivostok, un verre à pied du Nord de Magadan… J'étais jeune, je ne savais pas… Après tout, il n'y a pas de quoi faire des histoires. Ceci dit, c'est tout de même bien agréable de déjeuner en musique !

Lenka a pris six ou sept photos. Pour la dernière, j'ai dit zut, j'ai carrément pris Lucia dans mes bras et j'ai pressé mon visage contre le sien. Elle n'a pas eu le temps de se dégager, ou, peut-être, ne l'a-t-elle pas voulu ? A dire vrai, je ne comprenais pas ce qui lui arrivait. J'en avais le vertige ! Il s'agissait bien de ma part d'intentions honnêtes, je voulais simplement l'aimer toute ma vie et plus longtemps encore. Tout ça, c'était sans doute la faute des oranges.

— Vous deux, je vous ferai un cliché à part, nous a proposé Lenka. Les deux pigeons : aime-moi autant que je t'aime, et toujours nous serons bons amis.

J'en suis resté bouche bée, sans rien trouver à répondre. Maudites oranges, présents de la nature, qu'est-ce que vous faites de moi !

— Lucia ! lui ai-je murmuré à l'oreille.

Elle s'est contentée de sourire, en faisant semblant de regarder Ioura.

— Lucia, on nous donnera une chambre à Phosphatki.

Pendant ce temps-là, Ioura, qui s'était fait apporter un compotier vert artistement décoré, a mis dedans son lot d'oranges, puis il a tiré le compotier vers lui, et, la main devant la bouche, et tout en jetant des regards de biais à la montagne d'agrumes qui occupait le centre de la table, il a marmotté dans une espèce de halètement :

— Tout à l'heure, on va les manger…

Esther Naoumovna a enfin émergé de la foule trépidante des danseurs. Elle m'apportait deux bouteilles de cognac. Pendant que j'ouvrais les bouteilles elle est restée à côté de moi, les mains sous son petit tablier.

— Quelle fiancée vous avez, Vitia ! C'est une vraie beauté. Vous avez la plus belle fiancée de la côte, Vitia, c'est moi qui vous le dis !

— C'est le dernier, hein ! C'est bien sûr, Esther Naoumovna ?

— Mais oui, Vitia, voyons !

— Jurez-le-moi, Esther Naoumovna.

— Même celui-là, je me demande si je dois !

Je lui ai versé un petit verre qu'elle a dissimulé sous son tablier, et elle s'est éloignée.

Lucia m'a demandé à voix basse :

— Pourquoi boit-elle ? Qu'est-ce qu'elle a ?

— Elle a perdu son fils. Ils étaient tous les deux à bord du *Tchitchirev*, elle tenait le buffet, lui était mécanicien. Elle a été parmi les rescapés, et lui pas. C'était un gars de mon âge à peu près.

— Mon Dieu ! a gémi Lucia.

Elle était devenue toute blanche et avait fermé les yeux. Elle se mordillait les lèvres. Eh bien, je ne l'aurais pas cru si sensible…

Tout à coup elle m'a dit dans un murmure :

— Heureusement que tu n'es pas marin ! Je deviendrais folle si tu étais marin !

— Allons, calme-toi. Je ne suis pas marin, et sur la terre ferme on ne peut pas se noyer !

Et je me suis dit : "Effectivement, sur la terre ferme, on ne peut pas se noyer. Sur la terre ferme ce sont d'autres trucs qui vous arrivent, surtout sur cette terre que sillonnent nos itinéraires. J'ai repensé à Tchijikov ; il aurait pu être là, lui aussi, à manger des oranges…"

A ce moment-là, j'ai remarqué que Lénia, Tchoudakov et Evdochtchouk se concertaient à voix basse et jetaient vers un coin de la salle des regards qui ne promettaient rien de bon. En suivant la direction de ces regards traçants j'ai compris de quoi il s'agissait. Encore cette Katia ; qu'est-ce qu'ils vont imaginer, ces imbéciles ! Ils ne savent pas que, même quand son mari est là, c'est le plus souvent avec Kaltchanov qu'elle danse ! Il danse bien, tandis qu'Arik, lui, dans ce domaine, il n'est pas très fort.

Mais je me suis vite rendu compte qu'ils ne dansaient pas comme ça, tout simplement ; ils dansaient comme moi avec Lucia, la différence, c'est qu'ils étaient sombres, aussi sombres l'un que l'autre. Il y avait quelque chose qui n'allait pas, c'était certain. Mais où était donc Serge ?

Il était assis dans un coin, et c'est tout juste s'il se contenait ; on aurait dit une mitrailleuse braquée sur eux. Il ne manquait plus que les gars s'en mêlent !

J'ai porté un toast quelconque et détourné l'attention de l'assemblée sur Ioura qui, sans un regard au plat qui nous avait été servi, sans même s'intéresser beaucoup à la boisson, descendait des oranges avec une si belle ardeur que ses mâchoires en craquaient.

Les gars se sont mis à rire :

— Eh bien, Ioura !

— Qu'est-ce que tu absorbes comme vitamines, toi !

— C'est comme si tu passais des vacances dans le Sud !

— Au Maroc ! a précisé Evdochtchouk.

— Eh, Ioura ! T'as déjà des feuilles d'oranger qui te poussent dans les oreilles !

Il faisait chaud dans la salle, et l'ambiance était bonne. Je connaissais presque tout le monde, et même ceux que je n'avais jamais vus, ce soir-là, j'avais l'impression de les connaître. C'était un vrai festin dans une atmosphère surchauffée qui fleurait bon l'orange. En plus, il fallait penser à ce qui nous entourait : au sud, des centaines de kilomètres de glace et d'eau noire, au nord, des centaines de kilomètres de neige. J'ai choisi l'orange la plus belle, et j'ai tailladé sa peau pour qu'elle s'ouvre comme un bouton.

— Si on dansait ? a proposé Lucia.

Elle s'est levée la première. J'ai fait exprès de prendre un peu de retard, et, quand elle s'est retournée, j'ai regardé comment elle était toute, et jc me suis dit que, pour le moment, la vie de Victor

Koltyga s'arrangeait assez bien et que si, en plus, le pétrole avait la bonne idée de jaillir ce soir, profitant de la liesse générale qui fêterait l'événement, je pourrais passer une petite semaine avec Lucia sans que personne ne le remarque…

Je ne sais pas pourquoi, mais j'avais l'impression que c'était ce soir-là, cette nuit-là, que le pétrole allait jaillir.

J'ai demandé à Lucia :

— Tu es bien ?

Et elle m'a répondu dans un murmure :

— Je n'ai jamais été aussi bien ! Quelle soirée étonnante ! Il y a des oranges… C'est bien, hein, quand il y a des oranges. Je voudrais qu'il y en ait toujours ! Non, pas toujours, quelquefois seulement, une fois par an au moins…

Parlez-moi d'amour,
Parlez-m'en et ce soir et toujours,
Je suis prête à sans fin vous entendre
Dire la la, la la la, la la la…

Je n'arrivais toujours pas à comprendre les derniers mots de la chanson.

— Je vais aller remettre le disque.

— Mais tout le monde en a marre !

— Il faut tout de même bien qu'on réussisse à comprendre ce qu'elle chante !

Ce n'était plus un disque, c'était une feuille de radio toute gondolée. L'aiguille n'en venait à bout qu'avec peine, et, pour qu'il puisse tourner, on avait appuyé en son centre un gros verre retourné.

XVI

NICOLAS KALTCHANOV

Je lisais le menu à voix haute :

— Chachlik de bouc garniture variée.

Dans la marge quelqu'un avait dessiné un bouc et ajouté : "Mâche et passe à ton voisin !"

Je continuais :

— Cocktail Devinette.

— Bonbons Zoologiques.

Katia s'amusait follement :

— Alors, Serge ! As-tu la solution de toutes les devinettes ? Je crois que ça y est, tu l'as mangé en entier, ton bouc ! J'ai entendu des coups de feu dans la montagne ; on avait dû rabattre un bouquetin exprès pour toi. Un bouquetin, hein, Kolia, c'est comme ça qu'on dit ?

Serge souriait mollement tout en réchauffant les mains de Katia, qu'il tenait entre les siennes. Il était ivre et avait l'air sombre. Je crois qu'il avait en effet beaucoup mangé et bu.

Quand j'étais venu la première fois avec Kostioukovski, le marin à quai homme du monde, je l'avais encore trouvé dans son état normal. Il était attablé avec le directeur de la cantine, et tous deux riaient tout en portant des toasts et en s'offrant mutuellement des cigarettes. Serge jouant du couteau et de la fourchette, Serge se tamponnant la bouche avec sa serviette, quel beau spectacle ! Avoir un convive comme Serge à sa table est un véritable délice ! Il nous avait bien fait signe, mais Kostioukovski et moi, on avait juste pris un verre avant de retourner faire la queue.

Je suis sans doute encore un gosse : je m'étonne toujours de voir Serge rester naturel et familier avec des gens d'un certain âge ayant une allure classique de chef. Moi, les cols en astrakan me font complètement perdre mes moyens, je ne sais pas comment leur parler ; aussi j'essaye le plus possible de garder le silence, ou alors je deviens impertinent.

Quand nous sommes arrivés à Phosphatogorsk tous les trois, Serge était justement en train de pendre la crémaillère. Ça lui a fait un choc de nous retrouver, Arik et moi ; ça lui a fait un choc aussi, bien sûr, de faire la connaissance de Katia. Moi, ce qui m'a fait un choc, c'est d'apprendre qu'il allait maintenant être mon supérieur ; et il va sans dire que nous avons tous les trois eu un choc en découvrant son appartement, un petit coin "moderne" perdu dans ce monde sans mystère.

Il nous a invités, bien sûr. Et, comme on dirait dans le monde du cinéma, nous avons constitué un heureux montage avec son ameublement. Les chefs et leurs femmes aussi, contrairement à ce qu'on aurait pu penser. Pour ma part, je n'ai commis qu'une seule erreur : celle de venir en veston cravate. Serge me l'a dit tout de suite : "Pourquoi fais-tu tant d'histoires ? Tu aurais bien pu venir en pull-over." Effectivement, j'aurais mieux fait de garder mon gros sweater.

Pendant que Serge régalait ses invités en leur offrant du café et je ne sais quel cognac recherché, les chefs, des gens somme toute bien gentils, s'extasiaient poliment devant tout ce qu'ils voyaient et ne cessaient de répéter : "La voilà, la jeunesse d'aujourd'hui ; elle veut tout faire autrement, elle a des goûts modernes, mais ça ne fait rien, on peut compter sur elle !" Ce genre de propos m'amuse toujours beaucoup.

Quand nous sommes revenus avec les oranges, Serge était déjà seul. Nous nous sommes installés à sa table. L'air sombre, il fumait une cigarette L'Elan, son verre était à moitié vide, à côté du verre son transistor grésillait doucement, et, par terre, à côté de la table, traînaient sa veste de cuir et son casque en forme d'œuf. Dieu sait ce qu'il pensait de lui-même à ce moment-là, peut-être les choses les plus invraisemblables.

— Tu es content ? m'a-t-il dit, tu m'as prouvé ce que tu voulais me prouver, n'est-ce pas ? Tu m'as donné une bonne leçon !

— Serge ! Offrc-moi quelque chose !

— Bois ! – Et d'un geste il m'a désigné la bouteille. J'ai bu.

— On sert les femmes d'abord !

— Tu as raison ! Mettons-nous d'accord, tu veux : toi, tu lui réchauffes les mains, moi, je la sers.

Il a lâché ses mains.

— Kaltchanov, tu m'épates !

Katia s'est esclaffée, et, levant son verre, elle a dit :

— Et il n'a pas fini, attends un peu ! Aujourd'hui, c'est son jour, et il épate tout le monde ; mais demain, il épatera plus encore !

— Katia ! – J'essayais de la faire taire.

Mais elle a continué :

— Tu penses qu'il fait ça comme ça, naturellement ! C'est pas si simple. Il a du talent, si tu veux le savoir. Et il a des projets.

Je ne disais rien, mais en pensée je lui prenais les mains, je la suppliais de ne pas se livrer à cette vivisection, de ne pas se torturer ainsi, de se taire, de se taire…

— Il a l'air, comme ça, de se moquer de tout, mais c'est pas vrai ; il a un but dans la vie, un but sérieux…

Entrant avec plaisir dans le jeu d'autoflagellation de Katia, Serge a fait l'étonné :

— C'est pas possible !

— Bien sûr que si ! Il est bourré de talent ! Il a plus de talent que toi, Serge !

Serge a sursauté.

— Viens danser !

Je me suis levé, et j'ai entraîné Katia.

— Pourquoi fais-tu ça ? lui ai-je demandé en la prenant par la taille.

Elle a ricané :

— Je profite des droits d'une jolie femme avant qu'il ne soit pas trop tard. Bientôt je serai devenue si laide qu'aucun d'entre vous ne voudra m'adresser la parole.

Elle sentait bon l'orange, et elle était toute rose, tout adolescente ; on aurait dit un jeune guide des pionniers de l'Artek*, et ce ton de femme fatale ne lui allait pas du tout.

Nous nous sommes enfoncés dans la foule des danseurs. Nous avions l'impression que personne ne nous voyait, que personne ne nous observait, et de nouveau, inexorablement, nous nous serrions de plus en plus l'un contre l'autre.

Un gros verre renversé tournait au milieu du disque dont les bords étaient relevés comme ceux d'un chapeau, mais l'aiguille arrivait tout de même à lui arracher quelques sons rauques et étranges. Je ne pouvais distinguer ni la mélodie ni le rythme, et je ne comprenais pas les mots de la chanson, mais nous dansions tout de même.

— Tu es calmée ?

— Oui.

— Tu ne recommenceras plus ?

Je me suis écarté d'elle autant que le permettait l'affluence.

— Katia, revenons à notre position de départ, reprenons chacun nos pions. Comme ça, ça ne marche pas.

— Ça t'est facile de faire ça ?

* Artek : camp de vacances pour les enfants membres du mouvement des Pionniers situé en Crimée, et prétendument réservé aux meilleurs éléments.

— Mais bien sûr ! Tout ça n'est rien du tout à côté des tâches qui… Point final. Tu l'as dit toi-même : j'ai un grand but, le but de ma vie.

— Et moi, je connais une belle formule : "Mais j'appartiens à un autre, et toujours je lui serai fidèle*." En plus, je suis professeur de langue et de littérature russes.

— Eh bien, c'est parfait !

— Serre-moi plus fort.

La chanson mystérieuse revenait sans cesse, il y avait toujours quelqu'un pour remettre le disque. On avait l'impression que la salle entière essayait de deviner les paroles.

— Kolka, cette soirée est à nous, d'accord ? Demain, c'est fini… C'est pas tous les jours qu'on nous envoie un bateau chargé d'oranges !

J'ai repensé à un chanteur à la voix douce qui était aussi calme qu'un astronome, et ça m'a fait du bien.

Le feu brûle sans fumée,
Mais va-t-il longtemps flamber ?
Sans vouloir me ménager,
Elle ne fait que me brûler…

Ma jeunesse passera,
Et puis l'âge viendra ;
Je ne serai plus qu'un souvenir,
Que chacun aimera…

* Phrase tirée du roman de Pouchkine *Eugène Onéguine*.

Je me disais que j'allais bâtir des villes et que le temps passerait. Que j'allais couper ma barbe et devenir un beau garçon, puis un adulte respectable, puis... Est-ce que ça vaut le coup de construire sur terre ? Oui, ça vaut le coup !

Les vents vont me malmener,
La pluie me mouiller,
Elle, elle donne sans compter,
Pourra-t-elle longtemps donner ?...

Pour le moment nous ne savons pas encore ce que c'est que la tristesse, nous ne savons pas ce que c'est que la fatigue. Nos phares éblouissants foncent sur la route étroite du littoral, nos avions ventrus descendent du ciel et viennent se poser sur nos aérodromes, et, dans un craquement puissant, sirènes hurlantes, nos brise-glaces font route en direction de Pétrovo et de Taly. Et voilà qu'arrive le *Kildin*, et pour Katia et pour moi, c'est notre première et notre dernière soirée. Quant à ce qui s'est passé ici avant, à l'époque de Staline, il ne faut pas l'oublier, il ne faut surtout pas l'oublier !

Katia était d'excellente humeur et avait l'air d'accorder beaucoup de sérieux à notre conversation. Elle m'a pris par la main et, en riant, elle m'a ramené à la table. Je me suis mis à rire aussi, et Serge a été bien étonné.

— Tu n'es pas un gentleman, m'a-t-il dit sur un ton sec.

Je me suis senti obligé de me lever et de le remercier du compliment. Moi, un gentleman, vous parlez !

Serge s'est isolé de nous, il s'est enfermé en lui-même, et moi, entrant dans le jeu de Katia, j'ai cessé de faire attention à lui. Je me suis rapproché d'elle, et je l'ai prise par la main.

— Tu veux que je te dise où nous sommes ?

— Dis toujours.

— Si tu veux le savoir, écoute : nous sommes en été, il fait lourd, mais je ne sais pas trop pourquoi je n'ai pas encore quitté la ville. Je suis dans la cour d'un immeuble de dix étages tout pavoisé de linge. J'ai du sable qui crisse sous mes dents, et à mes pieds le vent promène des petits pots de glace. Je vais sur mes quarante ans, toi, tu en as dix-sept ; tu apparais sous le porche juste comme les premières gouttes de pluie commencent à tomber.

Quelqu'un m'a touché l'épaule :

— Excusez-moi !

J'ai levé la tête. Un robuste gaillard se tenait à côté de moi, un sachet d'oranges sous le bras. C'était un copain de Victor Koltyga, un gars de l'équipe d'Arik.

— Bien le bonsoir ! – Et il a tendu le sachet d'oranges à Katia. – C'est pour vous !

Katia s'est mise à battre des paupières ; elle ne comprenait pas :

— Je vous remercie, mais j'ai eu ma part. Pourquoi ce cadeau ?

— C'est pour votre mari, Arik Nara… Nara…

Elle lui a soufflé machinalement :

— Naraïrovitch.

Il a posé le sachet sur la table.

— J'ai comme ça une petite in… induction, quoi ; je crois que c'est ce soir que le pétrole va jaillir. Votre mari va peut-être descendre, et lui il lui faut des fruits, c'est tout de même un homme du Sud !

Il est resté quelques minutes, mais Katia gardait le silence, et il est reparti. J'ai remarqué qu'à sa table on nous regardait. J'ai remarqué aussi que Katia était toute retournée à l'intérieur, qu'en son for intérieur elle avait sonné l'alarme, et qu'elle ne savait plus à quoi se raccrocher. J'ai décidé de parer le coup pour elle, je lui ai repris la main, et j'ai dit :

— Ou bien c'est le contraire : il pleut, il pleut, il pleut depuis de longs jours. Dans le club en planches, on joue une valse. Je suis un petit pionnier de la première brigade, tous les gars se moquent de moi parce que je joue mal au football. Toi, tu es la cheftaine principale, et tu m'invites à danser…

Serge m'a filé un coup de pied sous la table. J'en suis resté interdit : qu'est-ce qu'il vous reste à faire quand quelqu'un se comporte avec vous d'une manière si cavalière ?

Au même instant, Stassik et Eddy Tanaka ont émergé de la foule, criant, riant. Ils ont jeté leurs oranges sur la table, et Eddy a commencé à se lamenter, à nous raconter qu'il avait été trompé par une jeune fille, qu'elle n'avait pas répondu à ses sentiments, à lui le champion, imaginez un peu ça, et qu'en plus elle dansait là, sous ses yeux, avec un autre gars, qu'elle dansait sans fin et toujours sur le même disque, un sale disque !

— J'enlève le disque, lui, il s'approche, et il le remet ; je l'enlève, il le remet, tu vois un peu ça ! Alors je lui demande s'il lui plaît, ce disque, et il me répond qu'il n'arrive pas à comprendre les paroles de la chanson. Et tous les danseurs se mettent à hurler : Laisse ce disque, qu'est-ce que ça peut te faire, il faut tout de même bien qu'on finisse par savoir ce qu'elle chante ! Tu parles, qu'est-ce qu'ils en ont à faire !

— Tenez, les gars, buvez, c'est un cocktail Devinette !

— Une devinette qui risque d'être fatale, a dit Stassik en y goûtant ; moi, je ménage mon organisme !

Bref, à notre table la gaieté était revenue. Esther Naoumovna est venue apporter quelque chose. Eddy et Stassik ont raconté ce qui leur était arrivé en venant et le prix qu'ils avaient payé les oranges ; moi, j'ai fait part de mon combat singulier contre Kostioukovski. Quant à Serge, il essayait de prouver aux autres que j'étais un salaud. Ils le laissaient dire, en se demandant seulement comment il allait faire pour repartir à moto.

Pendant ce temps-là, Katia discutait avec Esther Naoumovna. J'ai tendu l'oreille.

— Lui, disait Esther Naoumovna, les danses et tous ces machins-là, ça l'intéressait pas. Il passait son temps à lire des livres, mon Liova, et pas des romans, rien que des livres sur la technique. Il n'a même jamais eu de petite amie…

Je ne savais pas de quoi elles parlaient, mais je voyais bien qu'il s'agissait de quelque chose de sérieux. Katia écoutait avec beaucoup d'attention la serveuse un peu ivre. Elle était pâle, et ses mains se crispaient. Elle me fendait le cœur. C'est à ce moment-là qu'on a vu arriver Arik, le visage envahi par une épaisse barbe noire.

Katia a sauté en l'air. Il venait vers elle d'un pas lent.

— Bonjour, petite fille, lui a-t-il dit, et un bref instant il a appuyé sa joue contre la sienne.

— Arik, mon vieux copain ! a hurlé Serge en se couchant presque sur la table et en me regardant moi, aussi étrange que ça puisse paraître.

Arik s'est laissé tomber sur une chaise et a lancé gaiement :

— Salut, les gars ! Je pourrais pas avoir quelque chose à boire ?

Je voyais que sa fatigue était lourde comme une montagne et qu'il défaillait presque sous ses sourires. Je lui ai approché mon verre :

— Tiens, c'est un cocktail Devinette.

— Vous pensez que j'ai envie de jouer au devin ? Donnez-moi plutôt du cognac !

Derrière lui, lentement, discrètement, s'approchaient les gars de son équipe. Ils étaient tout raidis d'impatience.

— Alors, Arik ? a demandé Katia.

Il a eu un geste de lassitude :

— Rien ! On n'a eu que de l'eau sulfureuse ! Tout ça, c'était pour rien ! Demain, on repart.

XVII

DEMAIN…

La soirée des oranges est terminée, et vous pouvez être sûrs qu'elle alimentera longtemps les conversations ! Mais demain…

En tête partiront les bulldozers ; puis des tracteurs emporteront le matériel : miradors, machines, tuyaux… Un hélicoptère transportera peut-être sur place une partie des ouvriers, et ceux-ci commenceront à défricher la taïga en vue des nouveaux travaux. Le soir, chacun se glissera dans son sac de couchage et s'abandonnera à ses rêves. Victor Koltyga trouvera peut-être le temps de feuilleter la revue *Le savoir est une force*, ce qu'il y a de certain, c'est que Bazarévitch ne finira pas la journée sans se rouler dans la neige et qu'Arik Kitchékian, en fermant les yeux, entendra jaillir la source de pétrole.

La météo annonce un temps calme.

— Allez donc leur faire confiance, à ces menteurs ! grogne-t-on à bord du *Sud*.

Dans un bruit de glace broyée, toute une flottille de baleiniers prendra la mer, suivant le brise-glace à la trace. Ce dernier les conduira jusqu'au courant chaud, et là il leur souhaitera bonne route d'un coup de sirène. Herri Kovalev a les doigts raides, c'est à peine s'il peut tenir un stylo.

— Tu es plein de talent, Herri, mange de la compote ! lui diront Ivan, Boris et Valia Kostioukovski, le soir dans le faux-pont.

Il y en a peut-être à qui la crème Ambre réussit. Ce n'est pas le cas de Lucia Kravtchenko. Sur les chaînes, les briques se remettront en mouvement. Les étages s'ajouteront aux étages. La grue fera descendre les panneaux préfabriqués juste dans les mains des ouvrières. Encore un panneau, encore un étage, encore un bâtiment, magasin ou crèche, et bientôt il y aura une ville, et elle aura son monument à Lénine, et, le travail fini, Lucia et Vitia Koltyga, son mari, suivront la perspective du Komsomol pour regagner leur domicile au troisième étage d'un grand immeuble. Voilà ce à quoi pense Lucia.

— Eh, grand chef ! tu vas avoir le nez gelé, criera Kolia Markov à Kaltchanov, et ce dernier sursautera et descendra à toute allure de l'échafaudage en engueulant ses aides au passage.

Katia Pirogova dictera le sujet du nouveau devoir :

"Eugène Onéguine – homme de trop."

La soirée des oranges est terminée.

Demain tout reprendra son cours normal, en attendant…

XVIII

VICTOR KOLTYGA

Ça a tout de même été le plus beau jour de ma vie. Mon induction m'a trompé, la sale bête ! J'ai dit à Lucia que j'aimais trouver. Je crois que j'ai menti. Je préfère chercher.

— Alors, tu repars demain ? m'a-t-elle demandé.

— Eh oui !

— Pour longtemps ?

— Un mois ou deux.

— Oh là là !

— Mais je viendrai faire un tour de temps en temps. Je ne serai pas bien loin.

— C'est sûr ?

— Remarque, il vaut mieux que tu ne m'attendes pas. Ça te fera une surprise. Lucia, dis-moi, tu es une fille honnête ?

— Oui, m'a-t-elle murmuré.

Nous sommes restés quelques secondes sur le pas de sa porte en nous tenant par les épaules.

Au-dessus de nos têtes, la lune était haut dans le ciel sombre et calme. Sur la place, devant la cantine *Le Phare*, des jeunes gens mangeaient des oranges en grognant de satisfaction et des bouts d'écorce flamboyants tombaient dans la neige profonde. Les marins à quai avaient eu leur petite part, eux aussi.

1962
Extrême-Orient – Moscou

TABLE

BABEL

Extrait du catalogue

533. YASMINE CHAMI-KETTANI
Cérémonie

534. SÉBASTIEN LAPAQUE
Georges Bernanos encore une fois

535. HANAN EL-CHEIKH
Le Cimetière des rêves

536. ALAN DUFF
L'Ame des guerriers

537. JEAN-YVES LOUDE
Cap-Vert, notes atlantiques

538. YOURI RYTKHÈOU
L'Etrangère aux yeux bleus

539. GEORGE SAND
Antonia

540. GEORGE SAND
La Marquise, Lavinia, Metella, Mattea

541. RUSSELL BANKS
L'Ange sur le toit

542. BARBARA GOWDY
Un lieu sûr

543. NAGUIB MAHFOUZ
L'Amour au pied des pyramides

544. ALEXIS WRIGHT
Les Plaines de l'espoir

545. NAOMI KLEIN
No logo

546. REZVANI
L'Origine du monde

547. CLAUDE PUJADE-RENAUD
Platon était malade

548. NANCY HUSTON
Dolce agonia

549. GÉRARD DE CORTANZE
Cyclone

550. ANNE BRAGANCE
Le Lit

551. RAYMOND JEAN
Un portrait de Sade

552. ZOÉ VALDÉS
Cher premier amour

553. PER OLOV ENQUIST
Le Médecin personnel du roi

554. SONALLAH IBRAHIM
Les Années de Zeth

555. MAHMOUD DARWICH
La Palestine comme métaphore

556. PAUL AUSTER
Je pensais que mon père était Dieu

557. ANNE-MARIE GARAT
Les Mal Famées

558. PRUNE BERGE
T'es pas ma mère

559. ANTON DONTCHEV
Les Cent Frères de Manol

560. ELIAS SANBAR
Le Bien des absents

561. REINALDO ARENAS
La Colline de l'Ange

562. LIEVE JORIS
Mali Blues

563. DON DELILLO
Joueurs

564. *
Contes populaires de Palestine
(à paraître)

565. WILHELM HAUFF
Contes

566. SELMA LAGERLÖF
Le Cocher

567. ALICE FERNEY
La Conversation amoureuse

568. DENIS LACHAUD
La Forme profonde

569. PHILIPPE DE LA GENARDIÈRE
Morbidezza

570. WILLIAM SHAKESPEARE
Comme il vous plaira

571. DAVITT MORONEY
Bach, une vie

572. MICHAËL VESCOLI
Le Signe de l'arbre

COÉDITION ACTES SUD – LEMÉAC

Ouvrage réalisé
par l'Atelier graphique Actes Sud.
Achevé d'imprimer
en janvier 2003
par l'imprimerie Hérissey
à Evreux
pour le compte
d'ACTES SUD
Le Méjan
Place Nina-Berberova
13200 Arles.

N° d'éditeur : 4898
Dépôt légal
1re édition : février 2003
N° impr.: 94057
(Imprimé en France)